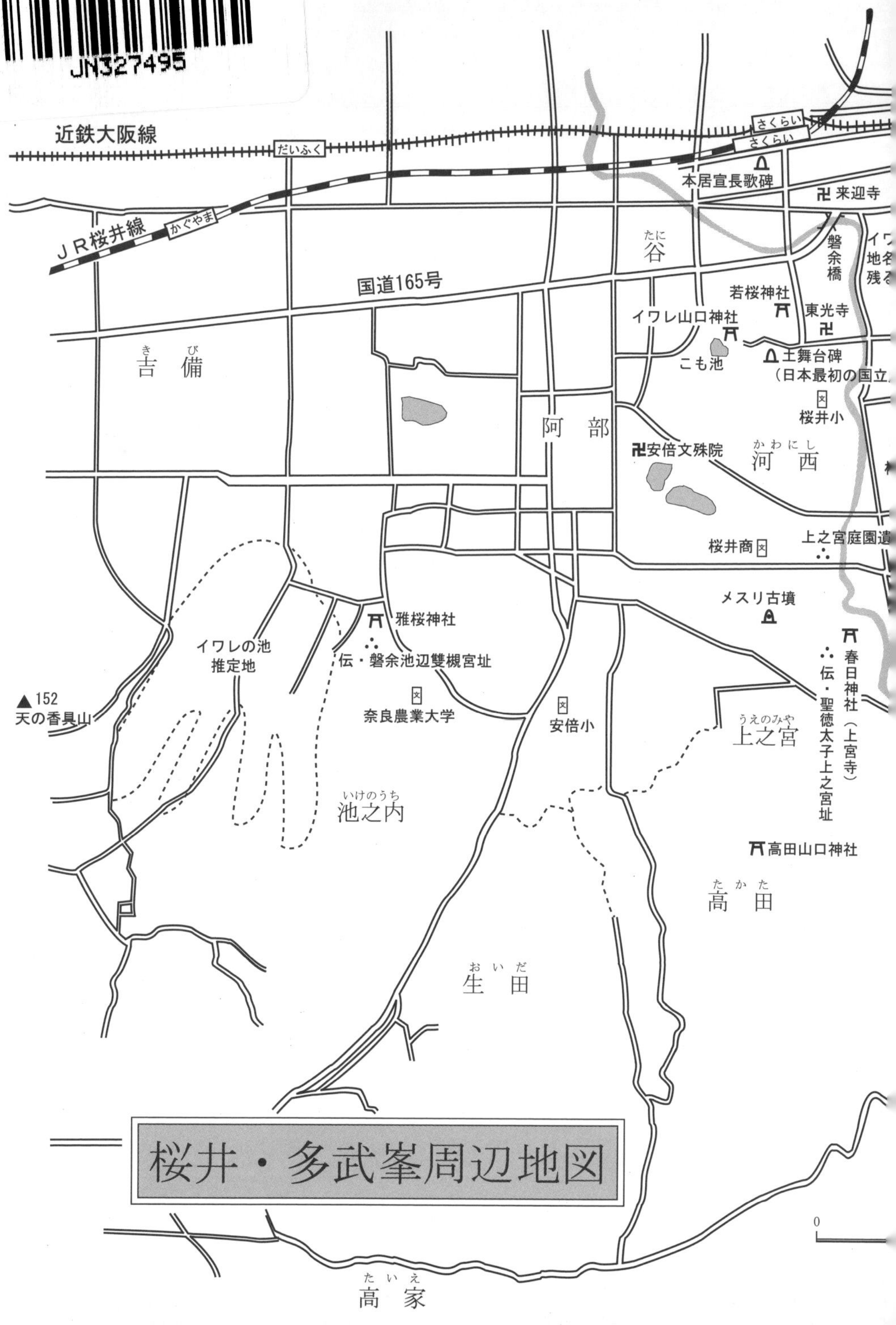

近鉄大阪線
だいふく
さくらい
さくらい
JR桜井線
かぐやま
本居宣長歌碑
来迎寺
たに
谷
磐余橋
国道165号
若桜神社
東光寺
イワレ山口神社
こも池
土舞台碑
(日本最初の国立
きび
吉備
桜井小
阿部
安倍文殊院
かわにし
河西
上之宮庭園遺
桜井商
メスリ古墳
雅桜神社
イワレの池
推定地
伝・磐余池辺雙槻宮址
春日神社（上宮寺）
伝・聖徳太子上之宮址
▲152
天の香具山
奈良農業大学
安倍小
うえのみや
上之宮
いけのうち
池之内
高田山口神社
たかた
高田
おいだ
生田
たいえ
高家
0

桜井・多武峯周辺地図

大和多武峯紀行

■談山神社の歴史と文学散歩■

大織冠藤原鎌足公神影

▶前ページ・紅葉の談山神社境内

まえがき

奈良盆地の南を限る連峰のなかでも、特に秀麗で確かな存在感をもつ多武峯（とうのみね）は、太古から人々が朝夕仰いで来た神の山であった。――この山ふところに、藤原鎌足公を祭る談山神社が鎮座しており、自然信仰の霊地として、また桜、紅葉など四季おりおりの花の名所として世に知られている。

本書は、談山神社の歴史と文学と観光を通して、多武峯の信仰の姿を明らかにしようとしたものであり、ここでは、歴史事実をふまえながら、神話・伝承も取り入れ、民俗学的な解釈から、新たな歴史と文化の掘り起こしを試みている。

現代において、多武峯がいよいよ重要視されるのは、そこに息づく自然宗教の汎神的世界観ゆえにであろう。これこそ現代人の心を〝癒す（いやす）〟真の信仰として、永遠に行き続けるのではないだろうか。人と神と自然とのかかわり合いのなかから、原点に帰って、歴史を再発見していただけるなら幸（さいわい）である。

談山神社宮司しるす

目次

カラー写真撮影・北浦一清

談山神社の歴史

多武峯・談山神社周辺地図

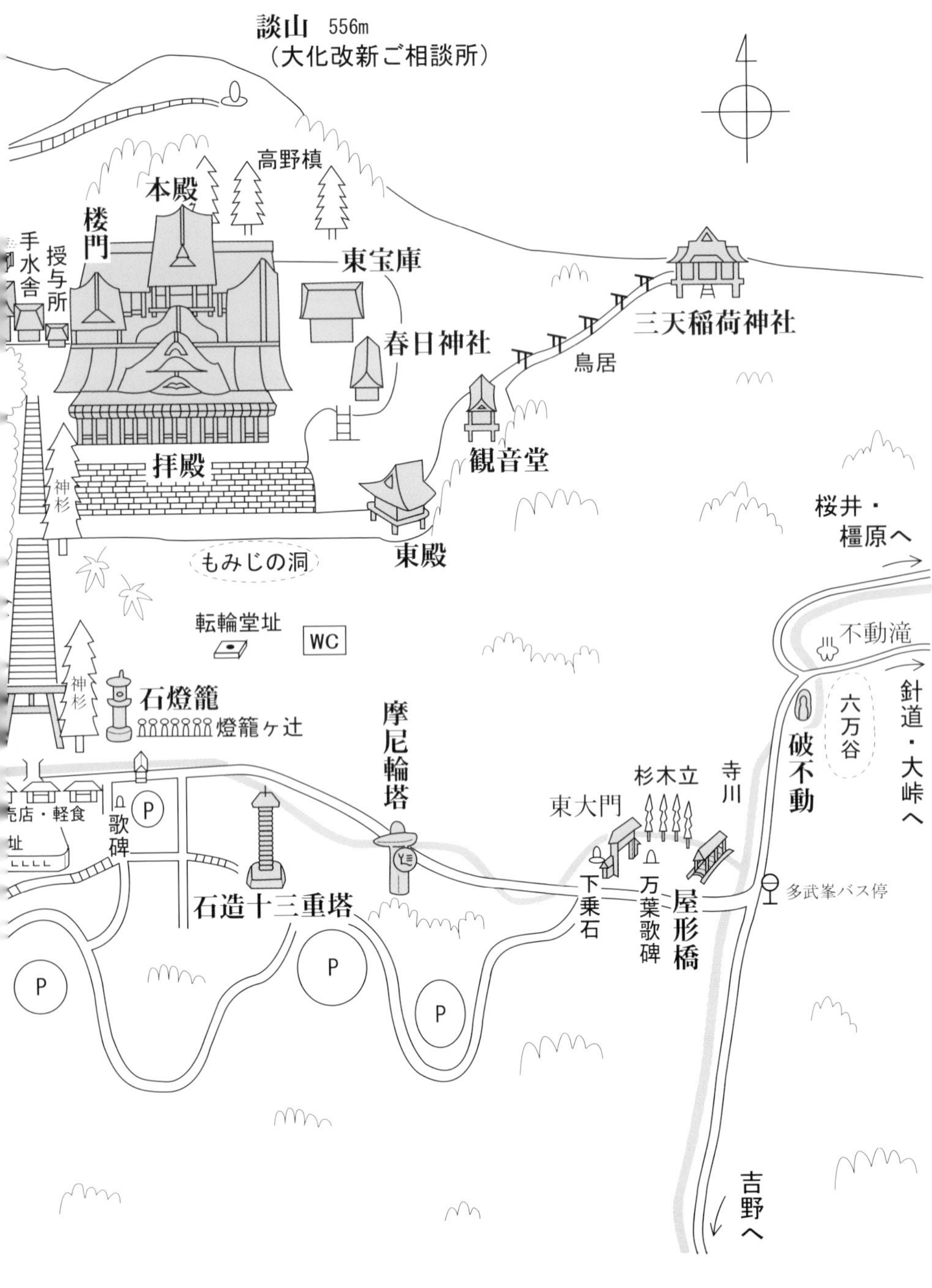

御破裂山
607m
展望台
∴両槻宮伝承地
想像図
念誦崛
増賀上人墓
北山・桜井へ
竜神社
神杉
比叡神社
権殿
十三重塔
西宝
不動磨崖仏
（霊験あらたか）
閼伽井屋
総社本殿
（大和七福神霊場）
八構猿楽の野外舞台址
けまりの庭
神廟拝所
明日香石舞台・岡寺へ
春の井
（聖徳太子産湯の井戸）
三社神社
総社拝殿
西口
展望台
WC
万葉歌碑
平成21年12月ごろ開通
石仏
社務所
入山受付
祓戸社
ゴマンド池
広場
西大門址
神幸橋
下乗石
うすずみ桜・小鼓桜
（桜井市文化財）
多武峯観光ホ
冬野・吉野へ
旅館・南山荘
荒神社
荒神山
∴滑谷丘伝承地
冬野山
650m
良助法親王墓
∴藤室址（義経かくれ寺）
売店・軽食
細峠・吉野へ

一、御祭神・藤原鎌足公

鎌足公の氏名は中臣氏で、推古天皇二十二年（六一四年）八月、大和国高市郡大原（今の明日香村小原）の邸で生まれ、幼名を鎌子と称した（別に茨城県鹿島の地の伝承もある）。父は御食子、母は大伴久比子の娘、大伴夫人であった。

中臣氏は、その名の通り、「なかつおみ」で、人と神の間を取り持つ神官の家柄であった。『記紀』の神話によれば、天皇の祖先、邇邇芸尊が、天照大神の命のままにこの国に天降る時、五伴緒という守護神五柱を共に随行させた。このなかの天児屋命こそが中臣氏の祖であり、神事を司る仕事をもって朝廷に長く仕えて来た。それから十一代の後、欽明天皇の時代に常盤という人が出て、初めて中臣姓をたまわったという。常盤の子が可多能祜、その子が御食子、すなわち鎌足公（以下、公と表記する）の実父であった。本来、中臣氏は可多能祜から、国子、国足と続くのが本家であり、父の御食子はあくまでも中臣氏の分流であった。そのためか常陸の鹿島神宮に奉仕していたようで、平安時代に書かれた藤原氏の物語『大鏡』には、公の出身を常陸国と記しているのである。

後世の私たちはそこまで穿さくしないでおこう。しかしながら、中臣の傍系に生まれた公の苦労はなみなみならぬものがあったろう。古代社会において彼の身分は、生まれたときから決まっていたのであるから……。だがそう

『多武峯縁起絵巻』（室町時代）撰文・一条兼良　絵・土佐光茂
鎌足公誕生。どこからともなく神使のキツネが、鎌をくわてえて出現。

いう出自が彼の人間性を鍛え、英雄的な人格を形成して行ったことは素晴らしいことではないか。

生まれた時から聡明であった公は、加えて学問を好んだ。中国古代の兵学書『六韜三略』を読んでも、たちどころに暗誦したという。公の曾孫に当たる藤原仲麻呂が撰録した『藤原家伝』によれば、ある日のこと、僧旻の堂舎で『周易』（儒教の経典『五経』の一つ）の講義が始まっていた。たまたま遅刻してしまった公だったが、同席していた蘇我入鹿は彼にうやうやしくあいさつした。さすがの入鹿も公を認めていたのだ。授業の終わった後、旻は彼を近くに招き、「自分のもとに学ぶ学生のなかで優れているのは入鹿だが、君はそれを凌いでいる。自愛して将来を期してほしい。」と励ましたという。この『家伝』の伝えるところを見ても、若い公がいかに非凡であり、また周囲から将来を嘱望されていたかがわかる。その時代は家柄ではなく、本当の人物を必要としていたのである。

この頃のわが国には、中国や朝鮮の進んだ技術が輸入されると共に、社会のしくみにも変化があらわれて来ていた。ことに帰化人が移住するようになって、国の財政と個人の所有権に対する考え方にも改革が加えられるようになった。そのために土地を私有物としたり、人民を個人の力によって支配しようとする者も出現した。その最たる一族が蘇我氏だった。

聖徳太子も、有名な『憲法十七条』で、それらの勢力を抑えようとしたが、さすがの太子も力及ばず、自身「豊浦の大臣」と称する蝦夷、その子入鹿に至っては非行が目に余るようになった。――

三十一歳になった公に、神祇伯の内示が届いた。親祭関係の官僚の長官職である。長い苦労が稔ったと家族も喜んだことであろう。ところが公はこの名誉を再三固辞して、今の大阪府の三島郡にあった別宅に、病気の理由をもって隠退したのであった。公の覚悟があらわれていよう。……公の決意をはっきりとさせたのは、前年、聖徳太子の子、山背大兄王に何の罪もなく入鹿が兵をすすめて、一族を滅亡させたことにあった。

身軽となった公は、国家改革のための盟主を密かに求めた。軽皇子（後の孝徳天皇）に近づいてみたが、人物ではなかった。最後に、まだ二十歳に満たないが、英邁の聞こえの高い中大兄皇子（後の天智天皇）に全てを託そうと考えた。しかし、今の身分では直接ま見えることが出来ない。ところが機会は早々やって来た。飛鳥の法興寺（今の飛鳥寺）の庭で、蹴鞠の会があり、皇子も出場するという風説を知った。皇極天皇三年（六四四）三月のことである。『日本書紀』は次のように記す。

偶、中大兄の法興寺の槻の樹の下に打毬うる侶に預りて、皮鞋の毬の随脱け落つるを候りて、掌中に取り置ちて、前みて跪きて恭み奉る。中大兄、対ひ跪きて敬びて執りたまふ。茲より、相び善みして、倶に懐ふ所を述ぶ。既に匿るる所無し。

飛鳥・法興寺のけまり会
鎌足公がクツを拾う（同絵巻より）。

脱げた皮鞋を手に取ってひざまづいて捧げる公と、その行為を敬し同じくひざまづいてこれを受け取る中大兄皇子。これが有名なけまり会での出会いである。

以来二人は、互いに信頼して心に思うことを述べ合うようになった。このように「大化改新」の発端が〃けまり〃にあることから、談山神社で春秋二回行われる「けまり祭」は、右の故事を由緒としているのである。

改新の実際的な計画の談合はどのように行われたのであろうか。

『書紀』では、飛鳥川上の稲淵にいた南淵請安先生のもとに儒教を学びに行く路の往還に肩を並べて潜(ひそ)かに談(かた)らい合ったという。他の学生には学問を論議する姿に見えたのだろうし、その堂々さが却(かえ)って蘇我氏に対するあざむきの方法にもなった。何分、飛鳥の京は狭い。権謀家はいつの世にも猜疑心のかたまりであるから、それらの情報の網こそが、最大の敵であった。計画は密かに行わなければならないからだ。

――公は先ず、蘇我氏の一族のなかでも人望の厚い倉山田石川麻呂の娘との結婚を中大兄皇子にすすめ、仲立をし、成功させた。いわば政略結婚である。年若く力のない公が成し得ることは、これしかなかった。蘇我一族

多武峯山中での談合（現在の談山神社本殿裏山）
向かって右が中大兄皇子、左が鎌足公（同絵巻より）。

の心理を安んじたのである。

その年の暮には、甘檮岡(あまかしのおか)に蘇我本宗家の城廓化した家が完成した。蝦夷はおのが家を天皇のごとく上の宮門(みかど)と、入鹿の家を谷の宮門と呼ばしめた。彼らの驕りは極まったかに見えた。

年明けて皇極四年（六四五）夏五月、決行を一ヵ月後にひかえて、最重要の談合が倉橋山系の一峰（のちの多武峯）にて極秘に行われた。この地は深山であると共に、山の神を祭る聖地だから、容易に近づけるところではなかった。蘇我氏の目をのがれるには最適の場所である。――『多武峯縁起』にはこの日の様子を次のように記している。

中大兄皇子、中臣鎌足連に謂(い)ひて曰(いは)く、鞍作〈註・入鹿のこと〉暴虐なり。之を如何と為すや。願はくば奇策を陳(の)べよと。中臣連、皇子を将(ゐ)て城東の倉橋山の峰に登り、藤花の下に於いて、撥乱反正之謀(はかりごと)を談ず。皇子大いに悦びて曰く。吾が子房(しぼう)なり。若し天位に至らば臣の姓を改め藤原と為さんと。仍りて其の談処(かたるところ)を号して談岑(だんぼう)と曰い、後に多武の二字を用ふるのみ。

この縁起には、藤花の下において、という藤原の氏名(うじな)の起こりと、この峯が後に談峯と呼ばれ、多武峯と記されるようになった由緒が記されている。他に談(かた)い山、談所(だんじょ)が森とも呼び、談山神社本殿裏山に当たることから社号の起

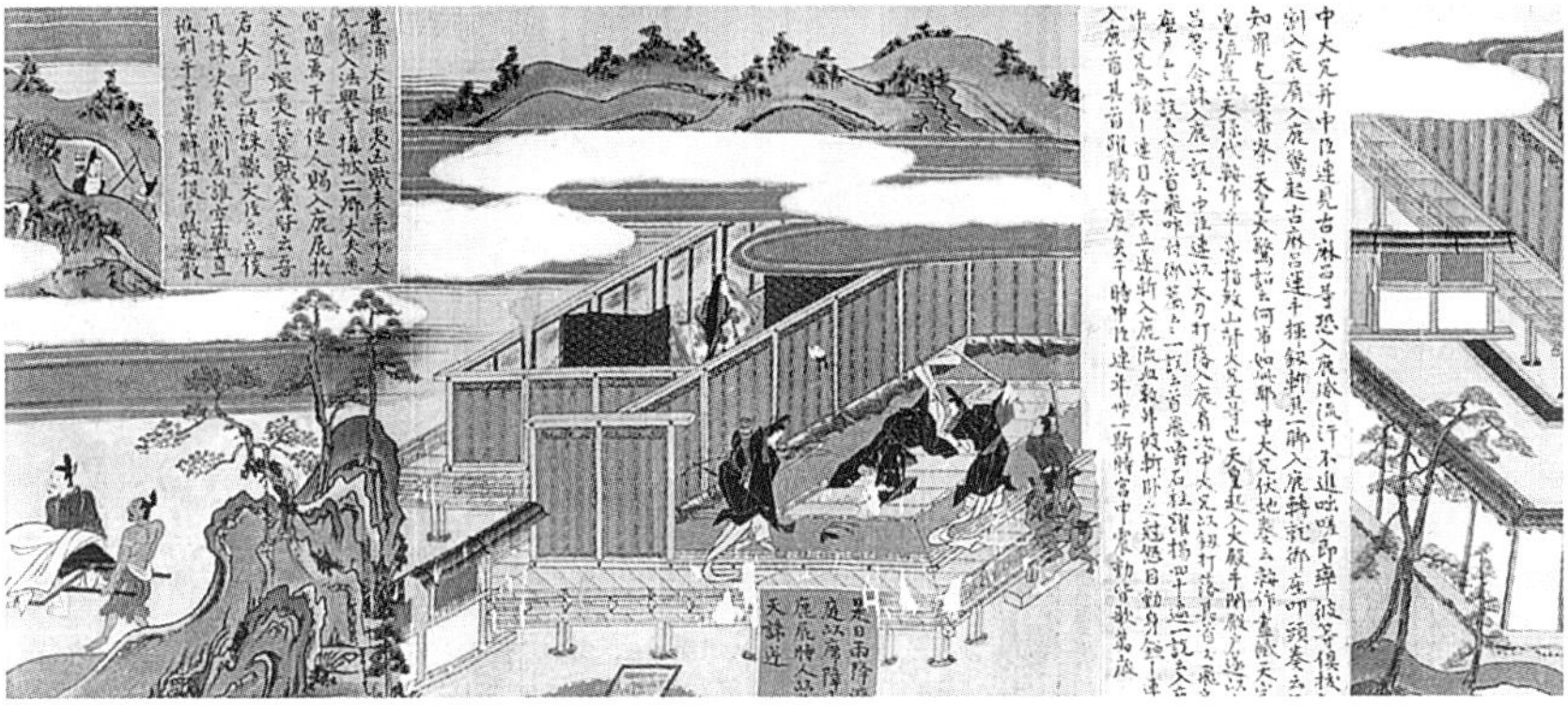

飛鳥板蓋宮大極殿で入鹿誅たれる（同絵巻より）。

こりとなったのである。当山こそが、〝大化改新発祥の地〟でもあった。

同年六月、三韓（高麗・百済・新羅）の進調があると天下に公布された。実は入鹿を飛鳥板蓋宮大極殿へおびき出すための謀りごとであった。――同月十二日、宮廷で入鹿は討たれ、蝦夷は自殺。ついに蘇我本宗家はここに滅びる。同月十四日、孝徳天皇が即位し、中大兄が皇太子となり、改新の新政府が起こされた。これによって中央集権国家の基盤が生まれ、新しく「大化」の年号が立てられ、こんにちある日本国が誕生した。この時の政府人事により、公は内臣に任じられた。〝うちつおみ〟の官名の通り、天皇寵愛の臣の意で、役職は中大兄皇太子の相談役という立場にあろうが、実質的な国政運営担当の要職であった。この枢要官は、公のために新設されたのであった。

鎌足公と中大兄皇太子、すなわち天智天皇の政治のなかで最も重大かつ苦難だったのが、天智称制六年（六六七）の近江大津宮遷都であろう。当時代は中国唐の威勢が強大となり、朝鮮半島は常に不安にさらされていた。先に百済を救援（六六三・白村江の戦い）したことは、歴史的にもわが国の大義を世界に示すものであったが、遷都はそのような国防上の理由から推進されたものである。

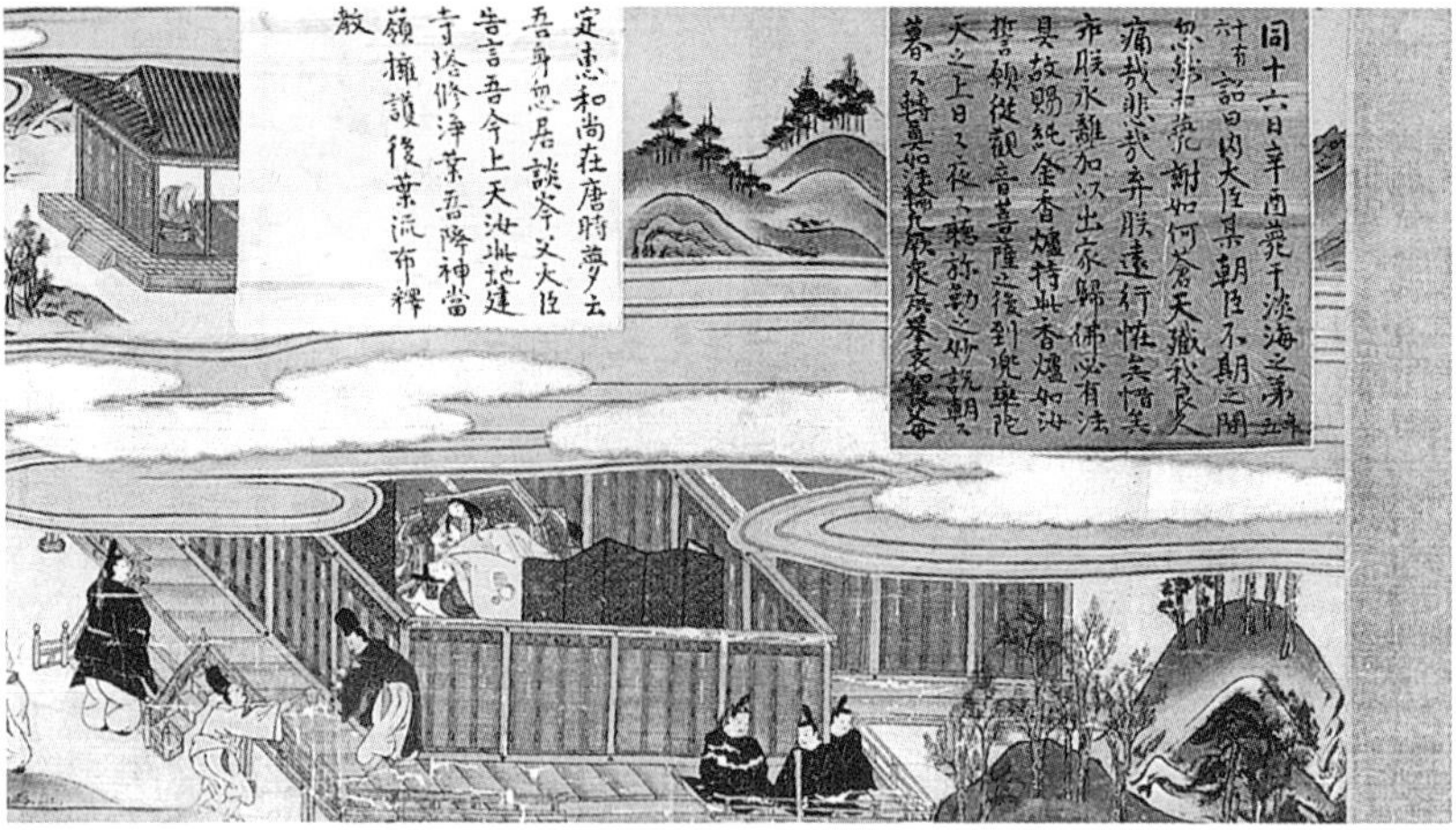

鎌足公死去

同日、在唐中の定慧は父の夢をみる（同絵巻より）。

天智八年（六六九）五月、公はまだ壮健で山科野の御狩にも天皇に供奉している。この地、陶原には公により一寺院が建立されており、山階寺（やましなでら）と呼ばれていた。この寺を奈良に移したのが、後の興福寺である。

この年の十月になって公は急な病気に臥してしまった。同月十月、天智天皇みずから公の家に行幸して、見舞い、親しく言葉をかけられた。公は感泣して遺言を残した。

臣（やつかれ）既（すで）に不悔し（をさな）。当（まさ）に復（また）何をか言（まう）さむ。但（ただ）し其（そ）の葬事（のちのわざ）は、転易（おろそか）なるを用ゐむ。生きては軍国（おほやけ）に務（つとめ）無し。死（みまか）りては何ぞ敢（あ）へて重ねて難（なやま）さむ。『書紀』

公は巨大な墓を築くことは、人民の労（いた）わりとなるので葬事は軽くすることを願った。そして、公（おおやけ）（国家）に対する責務を最期の際にも負っていた。これは、百済救援のおりの白村江の戦いにおける日本軍の大敗を指しているのであろう。同月十五日には皇太弟・大海人皇子が勅使として赴き、人臣最高の位大織冠を授け、内大臣に任じ、藤原の姓をたまわった。……藤氏はここに始まるのである。……これは空前の優遇であった。ついに同月十六日淡海（おうみ）の第（だい）（自邸）で没。享年五十六歳。――山科で殯（もがり）に付した後、遺言のままに、極めて薄葬で、今の大阪府高槻市にある安威（あい）山（現・阿武山）に葬られたのであった。

二、談山神社の創祀と沿革

談山神社の歴史を記した根本史料である『多武峯略記』（鎌倉時代・静胤撰）と『多武峯縁起』（室町時代・一条兼良撰）、『紅葉拾遺』（江戸時代・彦然撰）の三著を中心に、私たちは談山の歴史を見て行きたいのであるが、大切なことは、社寺の縁起を歴史科学的な事実としてのみとらえるというよりも、〃縁起的事実〃としてとらえたいということである。社寺に残された史料には、文書資料化されたものの他に、伝承、伝説、霊験譚として残された事実がある。ここには、人の心の歴史に現れた世界観が満ちている。いわば、宗教信仰によって先ず濾された歴史であるということである。だから、信仰があれば事実は超現実として発現されるのである。——社寺の史料、いわゆる〃縁起物〃も含めて、それらの資料の紙背を徹すような見方をもってしなければ、読んだとはいえない。歴史は科学の目を通さなければ正確とは言えないが、加えて歴史は人々の信仰と詩であることを忘れてはいけない。——

鎌足公の長子・定慧和尚（定恵とも書く）は、大化元年（六四五）の生まれで、俗名を真人と呼んだ。右の史料によれば、軽皇子（後の孝徳天皇）がすでに妊娠していた寵妃を公に授け、男子なら汝の子とするよう約したという。生まれた子が定慧だった。——江戸の国学者・伴信友は著書『松の藤靡』で、その寵妃だった定慧の母を、大化改新政府の左大臣・安部倉梯麻呂の娘、小足姫（おたらしひめ）だとしている。——ともあれ、彼は幼い頃から入道求法の志が厚かったらしく、慧隠（えおん）に請うて出家している。『書紀』によれば、白雉四年（六五三）わずか十歳余りで遣唐大使・吉（き）士長丹（しのながに）に従って唐の都長安に到った。当時の長安は世界最大の文明を誇る都市であり、寺院は現在の総合大学のようなもので、あらゆる知識を吸収し得る場所であった。定慧は新生国家の期待を一心に浴びながら、波濤の危険を冒して出発したのである。長安では懐徳坊慧日道場に住み、僧神泰（じんたい）に学んだ。神泰は有名な三蔵法師玄奘（げんじょう）の弟子で、当初、定慧も玄奘にま見えたらしい。

在唐中の天智八年（六六九）十月、父鎌足は死去するが、この時、夢の中に父が現われて「自分を大和多武峯に祭り寺院を建立したなら、神として当峯に降り、一族を守護しよう」と告げた。……実は生前に公は、定慧に対し同じようなことを語っていた。「談峯は神仙の霊崛であり、唐の五台山にも比すべきところだ。ここに墓を造るなら子孫は大いに栄えるだろう」と……。この公の夢告が、談山神社創祀の起源となっているのだ。私たちはここで、談山が、仏教以前のわが国固有の神道信仰の聖地だったことを直感しておかなければならない。天上から神山へ天降る神の信仰が背景に息づいていよう。

さて定慧は、天武天皇の白鳳七年（六七九）九月に、三十年近い留学生活を終えて帰朝した。三十四歳になっていた。在唐中に生まれた弟の不比等は立派な成人になっており、夢のお告げの通り父・鎌足は亡くなっていた。不比等に墓の場所を聞くと、摂津国島下郡（今の大阪府高槻市）阿威山（あいやま）にあると言う。定慧は在唐中に見た夢のさまをその通りに語りつつ、兄弟ともに号泣した。

二人の兄弟は、父の不思議なお告げを語り合う。父の墓を多武峯に移す（『同絵巻』より）。

早速、定慧は二十五人の人夫を連れ、墓所に到って遺骸の一部を掘って持ち帰り、談峯で荼毗に伏し、十三重の塔を建立してその心礎深く納め、また山上に古墳を築いて埋葬した。これが『延喜式』（平安時代）の「諸陵寮」の記に見える「多武峯墓　贈太政大臣正一位淡海公藤原朝臣。在大和国十市郡」のことで、〝淡海公〟とは鎌足公が近江国を封じていたために贈られた追号である。何よりも多武峯は、公の清らかな霊魂を拝する宗廟として開かれたと共に、大和の鎮めの神として山上（今の御破裂山）からこの国を鎮守する役目を負ったのである。

十三重塔の南に三間四面の講堂が建立され、三年後その東には弥勒堂（金堂）、さらに如法堂が立ち妙楽寺と呼ばれた。また東方の山腹に方三丈の神殿が建てられ、近江国の高男丸という造師の所造による公の霊像が祀られた。文武天皇大宝元年（七〇一）のことで、聖霊院と呼んだ。これが現在の談山神社の創祀――始まりである。

以上のように、大織冠藤原鎌足公の廟所としての威容を誇って来た一山も、奈良時代には一時荒廃したようである。――嘉祥元年（八四八）僧賢基は初めて多武峯に登り寺塔の再建を志した。勅命により四至を定めて、正税を賜り復興に勤め、よって官符をうけ名を延安と改めて初代の検校に任じた。

初代延安の功績は、同時に平安時代における藤原氏の権威の確立と相まって、除々に多武峯の名を高めて行った。『三代実録』には、天安二年（八五八）十二月、鎌足公の墓を天皇陵とともに〃十陵四墓〃に定めたという記録が見える。公の墓を国家によって保護し、祭りを行なうようになったのである。

ところが京都との関係が深まるにつれておのずから一山にも変化が現われた。それまでは、定慧が唐で学んだ法相宗が一山の宗旨だったというが、比叡山で玄鑒（げんかん）に学んだ実性（じっしょう）が帰山して、天暦元年（九四七）に第四代座主に就任してから、多武峯は比叡山に帰属し、天台宗となった。無動寺の別院になってしまったのである。以後、藤原道長の時代には多武峯の官奏（かんそう）を比叡山が代って通達するようになった。

一山の壮麗な聖域のかたちは、ほぼ十世紀に完成したようである。談山神社の前身、聖霊院は延喜十七年（九一四）に改造されており、創建以来、文献に初めて見える例である。延長四年（九二六）には総（惣）社が創建され、醍醐天皇より勅号を賜って「談山権現」と号した。この神号は、後に本社本殿の鎌足公のみを指すようになったのであり、室町時代にはさらに後花園天皇より「談山大明神」の号を賜わって、聖霊院は神社としての信仰が深まった。——総社は神所、一百余神とも呼ばれ。山内の護法神の全てを祭ったと考えられ、八百万神（やおよろずのかみ）を祭るわが国最古の総社である。このように平安時代の神仏習合思想の影響をうけながら、多武峯は独自の鎌足信仰というべきものを形成して行ったのである。

康保元年（九六四）には村上天皇による法華三昧堂（さんまいどう）（塔の東）の建立、天禄元年（九七〇）には摂政・藤原伊尹（これただ）が出家して多武峯に住む弟の如覚（にょかく）（藤原高光（たかみつ）の法号。三十六歌仙の多武峯少将として名高い歌人）のために常行三昧堂（塔の西、今の重文・権殿）を建立している。その他に平安時代には円融天皇が普門堂を、関白・藤原基房が三重塔（本殿の南）を建立。すでにあった瓦葺の多宝塔を含めて、三塔が林立する時期がしばらくあり、一山は全盛期を迎えた。

ところが一山が比叡山に帰属してからは、親類ともいうべき興福寺との対立が始まり、永保元年（一〇八一）には最初の武力衝突が起こり、椋橋（くらはし）・音石（おとわ）の民家が焼かれた。以来、一山の堂衆は強大な武力を持つことになり、これが〝多武峯僧兵三千〟といわれた僧兵団となったのである。奈良法師と呼ばれた興福寺の僧兵は、衆徒・国民によって組織されていたが、多武峯僧兵は鎌足公の墓守である傜丁（ようちょう）が発生とされており、比叡山の山法師などとも異なっているのがその特徴であろう。

興福寺僧兵の強大な戦団は、ついに一山にまで攻め入って来るようになった。承安三年（一一七三）六月、山内に叡山の守護神、日吉山王権現を祭ったことから合戦となり、一山ことごとく罹災（りさい）して、その長い月日をついやした壮麗な建造物を、一瞬に失ったのであった。以来、合戦は続き、多武峯は復興と焼失を繰り返すという有り様であった。しかしながら鎌倉時代に入っても、一山の財力と武力は衰えることなく、文治元年（一一八五）には、兄・頼朝の追及をのがれた源義経が武力をたよって入山してきたこともあった。

南北朝時代には多武峯は南朝に加勢していたようである。

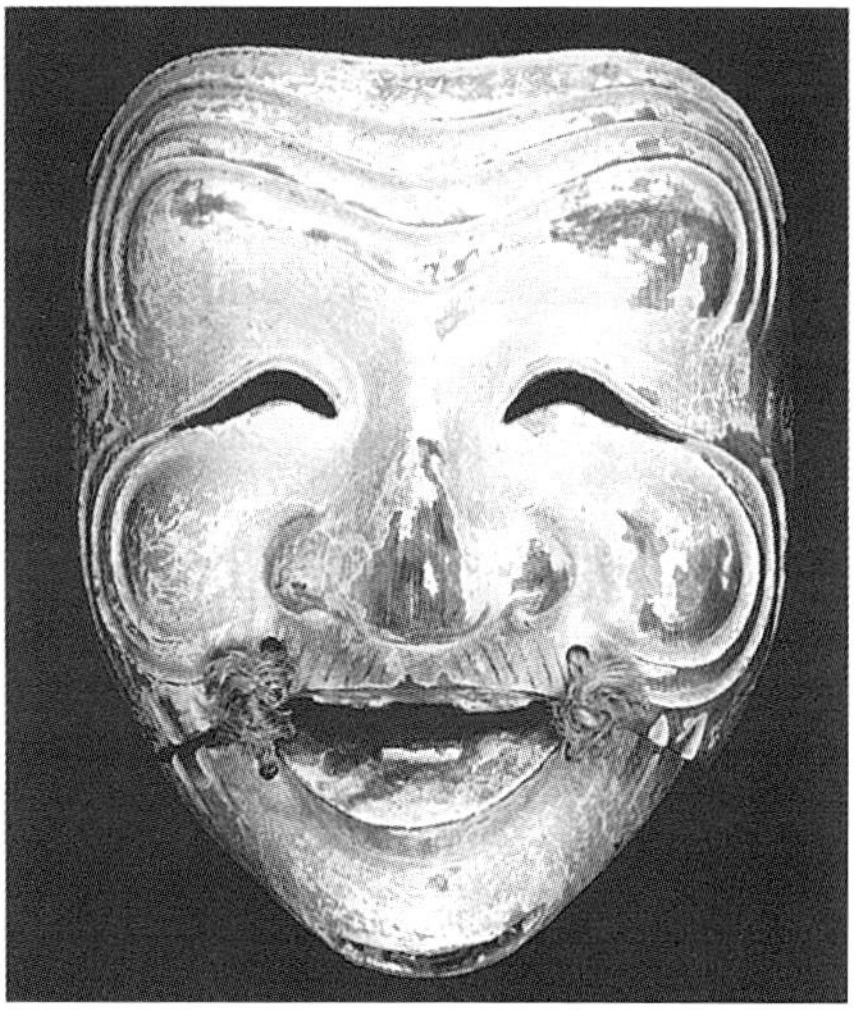

常行三昧堂（現・権殿）背面の後戸（しなど）に祭られた護法神、**「摩多羅神（マダラシン）」**（白色尉）の能面。極めて貴重な宗教的遺品。

戦乱の時代はなお続くが、この頃から、一山では「延年舞」や「猿楽」といった中世芸能が花開いて来る。観世流の祖となった世阿彌元清は、多武峯の保護をうけて京都に進出し、足利将軍に仕えるのである。

室町時代になると、大和四座（金春・金剛・観世・宝生）の参勤が始まった。わが国が世界に誇る能楽は、この山深い多武峯で各座の新しい演出が披露され、芸術性を高めた。当地は能楽発祥の地と言っても過言ではなかろう。また同時期に一山の遊僧が法会の余興のために自作自演したという延年舞も、全国最大の規模を以って現在の権殿（旧・常行三昧堂）や神廟拝所（旧・講堂）で行なわれた。永正十二年（一五一五）から七十年間にわたる演目（プログラム）を記した『延年式目』と台本（シナリオ）である『延年諸本』が現存しており、「談山文書」として県文化財に指定されている。

永享七年（一四三五）、南朝の遺臣が多武峯に拠って兵を挙げた。同十年（一四三八）八月、足利幕府の畠山持国軍に攻めたてられ、一山は炎上、鎌足公御神像は飛鳥の橘寺に非難した。三年後の嘉吉元年（一四四一）九月に帰

「**嘉吉祭**」多武峯氏子による現代の奉仕の様子（10 月第 2 日曜）。

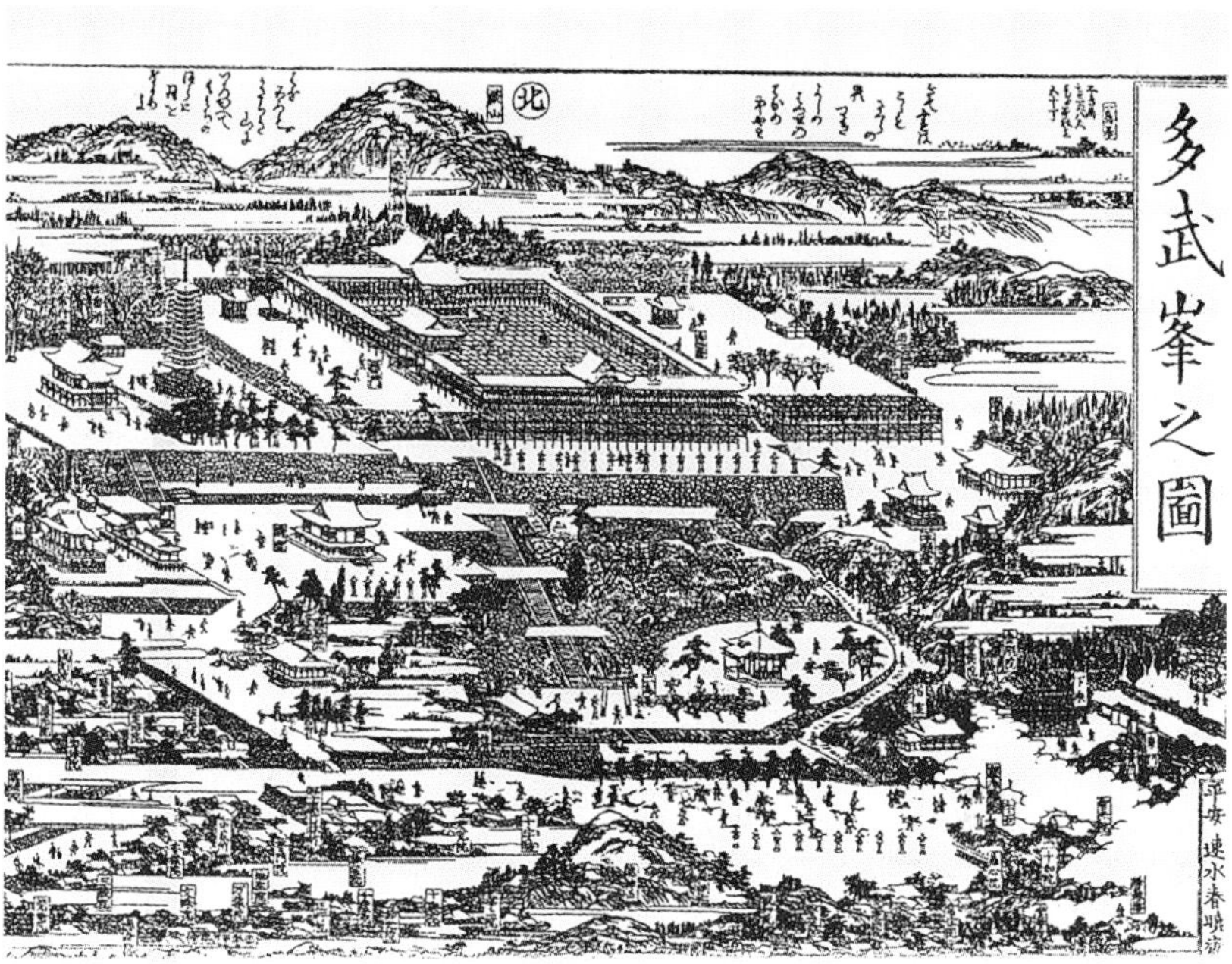

江戸時代の多武峯一山の図
数々の子院が林立する。

座、これを祝して始まったのが「嘉吉祭（かきつさい）」であった。寛正六年（一四六五）には勅使が派遣されて永世不易の祭りとなった。この祭りのお供え物で、彩色豊かに精巧に作られる「百味の御食（ひゃくみのおんじき）」は有名で、こんにちも氏子によって五百年余の伝統が継承され祭事が続けられている。

天正十三年（一五八五）、豊臣秀吉は弟・秀長を大和郡山百万石の城主に封じた。同年、社寺の政治・軍事活動を防ぐため、〃刀狩り〃を行ない、その第一号に当った多武峯は武器を没収され、多数の僧兵は逃散した。同時に秀吉は、多武峯を郡山に移すことを発案していた。同十六年（一五八八）三月には綸旨が下付され、四月三日に青蓮院門跡以下が奉仕して、新多武峯の社殿へ鎌足公の神像は奉安されたのであった。郡山城の守りとしてその北西に鎮座せしめられたのである。ところが郡山遷座があってから秀長は急な病に倒れ、数度危篤にみまわれた。これは鎌足公の祟りであるとされ、平癒の祈りを捧げたが、回復のきざしなく、加えて城中で鳴動があるなどの怪事が続いたため、同十八年（一五九〇）十二月二十八日、本山還座が許可された。——現在の郡山大織冠社はこの跡地に建っている。

ところがこの後も本寺（多武峯）と新寺（郡山）の僧徒同士の同派争いが尽きず、なかなか両寺合一がならなかった。十年後の慶長五年（一六〇〇）九月、関ヶ原の合戦に勝利した徳川家康が、この争いに立ち入り、新寺に帰山を命じ、ともかくも三千石の所領安堵の朱印を与えたことから、近世多武峯の始まりを告げるのであった。

慶長五年、山内の子院は四十二坊を数え、中世盛事の時代の姿を回復していた（明治維新のおりは三十三坊）江戸時代は大きな変化もなく平穏な状態が保たれ、聖霊院本殿も五・六十年毎に、五度の式年造営がなされた。社史によれば大宝元年（七〇一）の創祀以来、罹炎も含めて十一度の造替（ぞうたい）がなされている。遷座式に際しては、そのつど奏聞（天皇に申し上げる）を経て、論旨を賜わり、関白は長者宣を下し、勅使、告文使が派遣されて祭典を行なうのが恒例であった。現在の談山神社本殿も以上の儀式を厳修して、嘉永三年（一八五〇）二月二十五日、上遷宮を終えている。

神道・国学の思想によって断行された明治維新新政府は、神武創業、祭政一致のスローガンによって動き始めた。慶応四年（一八六八）三月に行なわれた「神仏分離令」によって、多武峯一山の僧徒は還俗し、明治二年（一八六九）六月三十日の大祓式の祭典をもって、談山神社となったのである。同七年（一八七四）十二月には格別官幣社に例せられ、国家祭祀の神社として近代の新たな歩みを始めたのであった。

三、重要文化財の建造物

本殿・楼門・東西透廊　鎌足公長子・定慧（じょうえ）和尚と次男の不比等が大宝元年（七〇一）に方三丈の神殿を建立し、公の神像を安置して、聖霊院（しょうりょういん）と号したのが本殿の創祀である。以来十一度の造営がなされ、現在の本殿は嘉永三年（一八五〇）の造替で、三間社隅木入春日造（さんげんしゃすみぎいりかすがづくり）、檜皮葺（ひわだぶき）、朱塗り極彩色のけんらん華麗な建造物は世に名高い。これが日光東照宮のお手本となったもので、俗に言う「関西日光」は正しい通称ではない。現在の本殿の形式は、いつ頃から定まったものであろう。当社所蔵の重文、永禄二年（一五五九）の『本殿造営図』の図面では、すでに同寸法であるから、現様式は宝徳元年（一四四九）再建のものまで溯ることが出来よう。江戸時代には、元和五年（一六一九）、寛文八年（一六六八）、享保十九年（一七三四）、寛政八年（一七九六）、嘉永三年（一八五〇）の五回、ほぼ五・六十年毎に式年造営されている。室町時代に後花園天皇より「談山大明神」の神号を賜わってから、神社としての崇敬が強まった。楼門は三間一戸、入母屋造、東と西の透廊は、拝殿とつながって本殿をコの字形に囲む特殊な様式。ともに元和の本殿造営時のものと考えられ、寛文造営の時に補修されている。

重文　本殿

重文　楼門

重文　東透廊

重文　西透廊

拝殿 南北朝時代に後醍醐天皇から「護国院」の号を賜わっている。永正十七年（一五二〇）創建の朱塗懸造（かけづくり）（舞台造）で、周囲に廻縁をめぐらし高欄が付く。前後に軒唐破風（のきからはふ）が付き、各五間の両翼を付けた形式は、本社遠景として先ず目に入る美しい姿である。内部中央は折上小組格天井（おりあげこぐみごうてんじょう）。その支輪（しりん）（カーブした横板）の部分に中国伝来の伽羅（キャラ）香木を用いるという豪華さで古くから知られ、拝殿は「千畳敷のキャラの間」と通称されて来た。

重文　拝殿（内面）

重文　拝殿（外面）

十三重塔　鎌足公長子・定慧和尚が唐の清涼山(せいりょうざん)宝池院(ほうちいん)の塔を模して建立されたと伝える。『多武峯縁起』によれば、その山の栗の霊木を材料として、帰朝の際の船に積み入れたが、狭いためにやむを得ず一部を残して出発した。ゆえに完成した十三重塔は最上の一層を欠き、定慧は嘆いた。ある夜激しい雷雨と大風で一山は吹き荒れた。翌日、驚くことに塔は十三層になっていた。残して来た材料を雷神が運んで来てくれたのであった。

これは鎌足公の塔婆（仏式の墓）であるが、十三という数は、一説に儒教の「易・五行」説から来ているという。金の生数(せいすう)は四、成数(じょうすう)は九、合わせて十三。金の色は白で骨を現わす。金気は木火土金水のなかでも、最も強いパワーを示し、風水(ふうすい)の思想の影響もあるという。

木造の十三重塔では現在唯一のもので、永正三年（一五〇六）の兵火の後、享禄五年（一五三二）に再建された。現在は檜皮葺だが、古くは九層を瓦、四層を檜皮で葺いたこともあった。もとは文殊菩薩を安置してあったが、明治維新後は神廟と呼ばれて鏡を祀った。相輪は珍しい七輪で、七を吉とする儒教の影響であろうか。

重文　十三重塔

神廟拝所（しんびょうはいしょ）　定慧和尚が白鳳八年（六八〇）に建立した妙楽寺の旧講堂である。明治維新の廃仏からはこの名称が付いた。寛文八年（一六六八）の再建で、かつては寺院の中心的存在であった。塔の正面に講堂を建てる伽藍配置は特殊で、鎌足公の塔を拝する場所としての宗教的な意味が様式に現われて貴重だ。内容の壁画は素晴らしく、神秘的な山水の構図のなかに、本尊を囲むようにして十六羅漢が配され、上部欄間には天女の奏楽を描いて、劇的な宗教空間を現前している。絵師は狩野永納（かのうえいのう）（『本朝画史』の著者として知られる）と伝える。なお本尊の釈迦三尊像は、神仏分離の際に近隣の安倍文殊院へ移されて現存する。

重文　神廟拝所

神廟拝所（旧・講堂）殿内壁画「天女奏楽図」　部分

総（惣）社本殿・拝殿

末社の総社は延長四年（九二六）の創建で、神所、一百余神とも呼ばれ八百万神を祭る。総社としてはわが国最古と伝え、現在の本殿である聖霊院と共に古くから神道信仰が色濃く、多武峯の神仏習合を代表する重要な霊社である。平安時代には醍醐天皇より「談山権現」の神号を賜わったほどであるが、後にこの称号は本殿の鎌足公のみを指すようになった。本殿は寛文八年造営の本社本殿を寛保二年（一七四二）に移築したもの。庇の蟇股（かえるまた）の意匠は古風なので、前身のものを取り付けたと考えられている。拝殿は本社拝殿を小規模にした形式で、寛文八年（一六六八）の再建。正面背面小壁には狩野永納（山雪の子・京狩野派）筆の壁画が描かれ、正面には永納の画号「山静」の落款（らっかん）が残り貴重である。現在は大和七福八宝巡りの〃福禄壽神〃の霊場としても知られている。

重文　末社・総社本殿

重文　末社・総社拝殿

東殿　元和五年（一六一九）造営の本社本殿を寛文八年（一六六八）に移築した摂社。古くは如法堂、江戸時代は本願堂と称して、定慧和尚を祭り、若宮とも呼ぶ。天暦八年（九五四）座主の実性によって創建されたと伝える。明治以降は鏡女王と藤原不比等を合祀して、現在は「恋神社」とも呼ばれて〃えんむすび〃の祈願所としてなっている。

重文　**摂社・東殿**

権殿　もとの常行三昧堂で、塔の東にあった法華三昧堂と共に十三重塔を挾むように位置していた。常行堂は天禄元年（九七〇）に摂政右大臣藤原伊尹によって創建され、弟で出家して多武峯に移り住んだ高光（法号・如覚、歌人で知られる三十六歌仙の一人）が阿弥陀像を安置した。――当殿内で演じられた中世芸能の「延年舞」は、全国最大の規模を以って行なわれ、後の能楽や民間芸能などに大きな影響を与えた。

常行堂は現在、権殿と呼ばれ、権り殿として本殿修理の際に御神像を仮に安置するところになっている。室町時代の永正年間の再建である。

重文　**権殿**

比叡神社本殿　一間社流造、正面千鳥破風、軒唐破風付、檜皮葺の小規模ながら美麗な本社である。中世に興福寺との争乱の絶えなかった原因の一つがこの神社にあった。多武峯は比叡山と結び付き、帰属したために、承安二年（一一七二）叡山の守り神だった日吉山王の神をここに祭ったわけだ。土台の刻銘によると現在のものは寛永四年（一六二七）に、明日香村大原の鎌足公誕生地にあった藤原寺・大原宮の社殿で、寛文八年（一六八八）に建て替えられた時、当所に移築されたと考えられている。明治維新までは山王宮と呼ばれていた。

重文　**末社・比叡神社**

閼伽井屋　元和五年（一六一九）の建立。内部中央に石組の井戸があり、その覆屋として建てられたこけら葺の小規模な建物で、全体を黒塗りとする。神供のために用いる専用の御神水井を備えた例は珍らしい。わが国山中から湧出する龍神水を湛えたこの泉には、古代の水の神の信仰のなごりがある。定慧和尚が法華経を唱えた時、この井戸から龍神が出現したという伝承をもつ。

重文　**閼伽井屋**

東・西宝庫　本社本殿を挟んで同形式の檜皮葺、校倉造（あぜくらづくり）の庫が二棟並ぶ。元和五年（一六一九）の建立で寛文八年（一六八八）に修理されている。

重文　**東宝庫**

重文　**西宝庫**

摩尼輪塔　石燈籠　重文の石造物二基。摩尼とは梵語で宝珠の意といい、八角柱に「妙覚究竟摩尼　乾元二年（一三〇三）……」と刻む。柱上部円盤には薬研掘（刀でV字型に浚える技法）で大日如来のアーク（種子）を彫った珍しい形式の石塔。――通称〝燈籠ヶ辻〟に建つ立派な春日燈籠は、後醍醐天皇御寄進と伝え、竿に「元徳三年（一三三一）二月……」の刻銘がある。いわゆる〝南北朝の動乱〟の始まった年に当たる。

重文　**摩尼輪塔**

重文　**石燈籠**

その他、奈良県指定文化財に**石造大鳥居**（談山神社一の鳥居）があり、享保九年（一七二四）の再建で高さ七m、桜井市浅古に立つ。同じく県指**東大門**はもと多武峯妙楽寺の山門で、享和三年（一八〇三）建立の欅（けやき）造の高麗門。門をくぐってすぐの空地には、伏見天皇第六皇子で御家流書道の始祖、青蓮院尊円親王染筆の**下乗石**が立つ。県史蹟指定の**町石**（ちょうせき）は、先に記した「摩尼輪塔」まで五十二基（現在は三十一基）、一町毎に立っていた道標で、第一は、石の大鳥居から始まっている。全て承応三年（一六五四）の建立。

また未指定ではあるが**石造十三重塔**、通称、「峯の塔」は永仁六年（一二九八）の刻銘を持ち、高さ約五mで、古くから藤原不比等の墓と伝える。まさに談山神社の神域の入口というべき**屋形橋**は、長さ約十三mで寺川に懸かる。現存のものは近年の再建だが、寛政三年（一七九一）の刻銘ある銅製擬宝珠が保存されている。

県文化財　**石造大鳥居**

県文化財　**東大門**

下乗石

県史蹟　町石

石造十三重塔

屋形橋

多武峯文学散歩

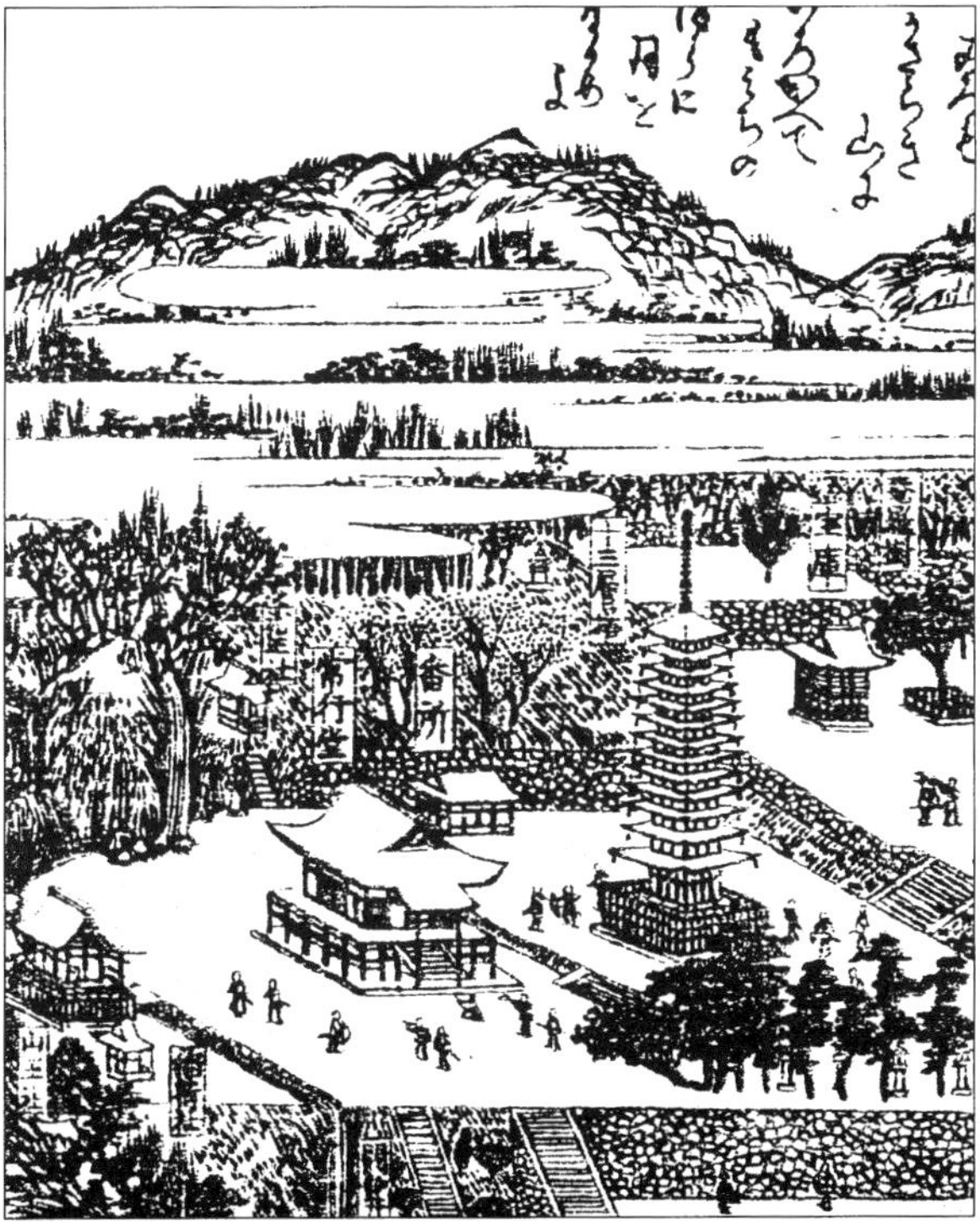

一、多武峯
——古代信仰の山——

談山神社の鎮座する谷あいとその周辺の山と「多武峯」と呼んでいる。この多武峯という名を聞けば、すぐに談山神社を思い起こすのは、長い年月をかけて、人々の心のなかに定着したとうのみねの言葉の持つ響きと、その裏がわにある聖なるもののイメージのためであろう。

多武峯は実際には「とうのみね」と発音しているようである。この音変化は中世の頃に初まったもので、古代は「たむの峯」と呼んでいたのである。

たむの峯が最初に文献にあらわれるのは、『日本書紀』斉明天皇二年（六五六）であった。

田身嶺に、冠らしむるに周れる垣を以てなす。〈田身は山の名なり。此をば太務と云ふ〉復、嶺の上へ両つの槻の樹の辺に、観を起つ。号けて両槻宮とす。亦は天宮と曰ふ。

書かれているところによると、斉明天皇は、たむの嶺の周囲に石垣を築き、また嶺の上に立ち並んでいる槻の樹のほとりに高楼を建てて、両槻宮（天宮とも）と呼んだ、という。——この本文中には、田身を太務と読むように編者の心づかいが示されている。古代人にとって、何か特別な意味を持つ山だったのであろう。

周らした石垣は、天上から神を招き降して祭りを行なうための神聖な施設（祭場）であった。古代は磐境、磐座などと呼んだ。またこの施設を軍事のためとする説もある。のちにそのような機能が付加されたのであろう。

ここでは一方に限定する必要は何もない。それは詩歌と同じように古代人が事と言葉の関係に対し、多層的な発想をもっていたことを思うべきであろう。――そこには立派な二本の槻の木が立っていた。神の目じるしとなった依り代（霊降樹）だった。

『万葉集』には槻をよんだ歌が多い。柿本人麻呂の、

あしびきの山川の瀬の鳴るなべに弓月が嶽に雲立ちわたる
（巻十・一〇八八）

これは、三輪山の背後につらなる神聖な（斎）槻の木がたくさん植わっている山をうたったもので、槻は良い弓の材料となったためこのような表記も生まれた。本来は斎槻であり、大切な信仰のための木だったのであろう。槻は月であり月経でもあった。

言葉のイメージの広がりは、たむの峯の「たむ」についても、もっと広がりをもって考えた方が良いと思う。古代人が山のたわんだ形を見た時の「湾曲」であり、山の凹んだ形「鞍部」でもある。実際に談山神社の鎮座する地形は、谷全体がふかくえぐれた鞍部をしており、岩の凹みの部分に神を祭った原始神道の時代の姿を彷彿することも出来る。また「天飛む」（『古事記』歌謡）と聞けば、いにしえの人々はたむを連想したかも知れない。また、「ふさたをり」という多武峯にかかる枕詞からは、たむをたふ（太布）のイメージに結びつけたのだろうか。ふさは、

幣・麻だから、たふもふさも祭りに使う神具の一種なのである。――このような言葉の持つ意味の多様性が、平安時代の和歌の技法である掛(か)け詞(ことば)や縁語(えんご)の伝統を生んだのであり、古代人の言葉に対する発想と連想の自由さを、現代人の考えで一つの意味に断定してはいけないのである。日本語は本来、動きやすい言葉なのだ。

……「たわ」が「たむ」と訛り、「たう」「とう」となって現在の多武峯という地名に定まったのであるが、多武峯の古代信仰にとって「たわ」（鞍部）すなわち山の山頂の凹みに神を祭った「ほと神」の信仰を考えなければ、談山神社を中心とする多武峯の地理の説明は出来ない。これは、多武峯のはるか真西にある天の二上山のほと神の信仰（聖水の信仰）と一つづきになっているのである。飛鳥の人々にとって朝日の昇る多武峯と夕日の沈む二上山は、特別な心理を寄せずにはいられない山であった。宗教の生まれる原因である。

談山神社背後のかたらい山
きれいな紡錘形の神体山。

また、現在の談山神社の裏山、「談(かた)らい山」（大化改新談合の地）を遠望すると、きれいな紡錘形をしている。これは三輪山をはじめ、富士山を含むわが国の神体山の基本的な山容を持っている。（神奈備(かむなび)形の山）――多武峯の山・

西口三社神社付近からの眺望

右のこんもり茂ったところが念誦崛（両槻宮址）。左は飛鳥故京の素晴らしい眺め。

水・石・木すべての環境が、古代信仰を総合した聖地のなかの聖地としての条件を備えているのであり、この信仰は現代人の心を救う自然宗教として、今も生き続けている。

大和を机上で考えるというよりも、現地を訪れ、その風景に接しながら、ロマンをかきたててゆきたいと思う。昼の大和路を観光するだけでなく、出来ることなら夜の月の出る頃を散策してみたいものである。

そして私たちは詩人のこころを持ってこの自然と同化したいものである。うたの五・七・五……のリズム。この生命のリズムのままに一首、短歌をよんでみたらどうであろうか。『万葉集』のこころに少しでも近づけるのではないか。考古学だけでは、古代人の心理まで立ち入ることは不可能なのだから。……

槻の木の下での祭りは、太陽や月の壮大なコスモロジーのもとに行なわれていた。そしてその祭りは女性の祭祀（さいし）に関わるものだったようであり、多武峯の山神の祭りには、巫女が仕えたという面影がある。巫女王としての女帝・斉明天皇が建てた観（たかどの）は、道教の神仙思想にもとづくものと考えられているが、そのような外来の新しい思想が行なわれてゆく礎（いしずえ）

に、太古からの私たちの信仰の母体があることを知っておきたい。

同じく『書紀』によれば、巫女王としての性格をもつ持統天皇もまたこの地を訪れ、何かの祈りをしている。

多武峯に幸す。（持統七年〈六九三〉）

二槻宮に幸す。（持統十年〈六九六〉）

斉明天皇の離宮、両槻宮は、多武峯の奥の院・念誦崛にあったと伝えられ、「なみつき」が「ねずき」に訛ったという。今、大字西口の鎮守、三社神社付近から念誦崛を眺めると、植林された杉木の茂る尾根の先端に、こんもりと高まった常緑樹の森を見ることが出来る。これが天宮ともいわれたその離宮の故地であろうか。

——当地からの眺望は素晴らしい。二上山・葛城山・金剛山と連なる大和青垣の美しさは、万葉の詩人たちの感動を私たちに伝えてくれる。……いつの年の夏であったか、夕ぐれ、私は二上山の男嶽と女嶽のちょうど真中に沈む落日を偶然、眼前に拝した。周囲は急にうす暗くなり、風が吹いて来た。燃えるような真紅の日輪のみが、この自然の存在をきわだたせていた。突如、虫が鳴き初めた。土をかすかに震わすようだった。虫の音はしばらく続き、はた、と止んだ。するとこの天地は古代紫色に沈み、やがて完全に闇に閉ざされた（古代、一日のはじまりは日没からである）。

二、御破裂山 ―― 藤原鎌足公墓所 ――

桜井市街から南方を望むと、ひときわそそり立った山がある。山頂がにわとりの冠(とさか)のように見える。この特徴ある山の姿は、晴れた日なら、奈良市からも見ることが出来るのだ。

これが標高六〇七mの御破裂山(ごはれつさん)。鶏冠のように見えるのは、古墳上に自然植生した樹木のためで、この周囲約八十五mの円墳こそ、藤原鎌足公の墓所である。

『三代実録』には天安二年（八五八）十二月条、十陵四墓の制に「贈太政大臣正一位藤原朝臣鎌足多武峯墓。在大和国十市郡」と見え、国家的な祭祀(さいし)が行なわれていたことがわかる。のちに編纂(へんさん)された『延喜式』諸陵寮には「多武峯墓贈太政大臣正一位淡海公藤原朝臣。在大和国十市郡」とあり、この墓は鎌足公の次男・不比等公の墓ではないかとされる説もあったが、不比等公の墓は奈良の佐保山椎岡に存在していたことは、鎌倉時代の摂政・関白、九條兼実の日記（『玉葉』）にも見られるところであり、多武峯が鎌足公の墓所であることはうがたいはない。「淡海公」という追号は、鎌足公が近江国を領していたためのもので、その嗣子、不比等公がそのまま受け継いだ号であろう。混同はこのあたりが起こりのようである。

御破裂山頂までは、談山神社境内の十三重塔の横、権殿の西に登山入口がある。この付近は巨木が立ち並び、古社が数社鎮座していて、四季を通じ美しい景観を見せてくれる、まさに幽邃境である。

竜ヶ谷からは、寺川（大和川と合流して大阪湾に入る）の源流の一つとなる湧水が清らかな流れとなり、また滝となってひときわ神秘的な音楽をかなでている。巨大な岩が露出し、その上には竜神社が祭られている。当地の古代信仰の原始の姿を残す磐座で、祭りの場所となったところだ。竜神はわが国古来の水の神の信仰と、中国の竜信仰が習合したものであり、聖なる水の祭りは、わが古神道の重大な祭祀のひとつであった。

整備された参道脇には、多武峯の植生としての植物学上注目される珍らしい樹木が多種類見られ、桜井市天然記念物に指定されている。アカガシ、ウラジロガシ、アカシデ、メグスリノキ、ミズキ、コシアブラ、タカノツメ、サワシバ、ツノハシバミ、オニグルミ、ウラジロノキ、ホオノキ、ツクバネガシ、ブナ、などの木々に眼を楽しませながらの森林浴も素晴らしい。

山頂までは木の階段を登りつめ、なだらかな尾根道をゆくと約

竜ヶ谷の磐座と竜神社

聖なる水の神の祭りが行なわれた。

多武峯のふたかみ ―写真中央―

右手前が、高田山口神社の杜。多武峯の山霊が集中するまつりの場(にわ)であった。
社殿は全く無く、森相そのものが神である。十二月の「いの子のあばれ祭り」は有名。
左は倉橋山。

二十分で六〇七ｍの山頂にたどり着く。石の鳥居と瑞垣のめぐらされた墓所が見えて来て、約三十段の石段を登りきると、そこが鎌足公の多武峯墓である。古色蒼然たる円墳は、大和平野を眼下に見つめているようだ。墓の回りは一周出来、そこからの眺望はまさに絶景。万葉展望台の通称も快く、右下には三輪山、奈良坂から遠く京都の木津を見渡し、生駒山、信貴山、二上山、葛城山、金剛山。晴れた日は左に高野山、大阪湾も遠望が可能だ。――鎌足公は大和の鎮めの神として、人々の平安を守っているのであり、ここに墓が築かれた宗教的な意味があるのだった。

談山神社の歴史と伝承を記した『多武峯縁起』によれば、鎌足公の長男・定慧和尚は、留学していた唐の国から帰朝後、すでに摂津国島下郡阿威山(あいやま)に葬られていた父の遺骸を、父の遺言のままに多武峯に改葬し、その上に十三重塔を建立したと記す。

平安時代の昌泰元年（八九八）二月七日、鎌足公の墓山

が突如、鳴動し、本殿の神像が破裂した。山は大音響とともに光が天空に満ちあふれた。光は奈良方面からも見えるほどであった。――天下国家に異変があると、この恐るべき神威が発せられた。これを「多武峯御破裂異変」という。この変があると当山は朝廷へ報告し、皇室、藤原氏以下これを慎み、勅使、告文使が多武峯に使わされ、神霊を慰める告文が奏上された。以後、七百九年のあいだ慶長十二年（一六〇七）まで、このような異変は三十五回に及んだ（公家の日記などの記録を合わせると五十回余を数える）。山の名はいつの頃か、御破裂山と呼ばれるようになった。

このような神霊の発現は、世界の宗教史にも類を見ないものである。――

御破裂山山頂・藤原鎌足公墓所（多武峯墓）

三、高天原 ――多武峯と天の香具山――

藤原鎌足公墓所、御破裂山頂からの展望は、素晴らしい。――この鳥瞰的視野、そして、飛行するような空中感覚は、わが国の神話を生み出す世界観の原因となったのではないだろうか。

ちなみに、近鉄線の桜井駅から、大阪方面へ、大和八木駅までのあいだ約五分、車窓から南方の山脈を眺めてみよう。にわとりの冠のように見えるのが御破裂山頂である。山の稜線は右へなだらかに下っている。そして、よく注意して見ると山は、香具山まで続いている。香具山は地形的に見ても多武峯の端山（峯つづきの山）なのである。多武峯から、八釣山、ひふり山、だんじき山、やぶり山などの山や丘が続いて香具山で終わっているのだ。『伊予国風土記』〈逸文〉によれば、香具山は天上から降った山である。

いにしへの事は知らぬをわれ見ても久しくなりぬ天の香具山　（万葉・巻七　一〇九六）

ひさかたの天の香具山この夕べかすみたなびく春立つらしも　（万葉・巻十　一八一二）

天の香具山

右から多武峯の続きの丘がつらなっている（甘橿丘より）。

古代人にとっても、いにしえは永遠の時間のかなたにあった。もうこの万葉の時代ですら、香具山は輝きを秘めた伝承の山であった。峯から降りて来た神は、端山にとどまる。ここが神界と人界のはざまであった。この接点が祭りの庭であった。端山のまわりには野が広がり、田畑がいとなまれ、人が住んだ。村が形づくられた。神はカグ（光輝く）姿をもっていた。それは火であり日であった。太陽が峯から昇って来て、やがて野に遍満する。神のまたの姿でもある。――「ひさかた」は天にかかる枕詞だが、ひさかたじしん意味をもつ。瓢形だ。古代人は宇宙がひょうたん形をしていたと考えていた。そのコスモロジーが、前方後円墳のかたちにあらわれたのだという。墓こそが永遠の宇宙だった。――春は立って歩いて来た。いわば擬人化している。春は人のような姿をした神がもって来てくれた。立つを現つとする感覚は、万葉びとのものであった。

多武峯（山宮）に天降った高貴な神は、山の尾根の道すじをゆっくり降りながら、香具山（里宮）へ到着し、そこで重大な国家的祭祀が行なわれた。『記紀』の神武天皇伝承などの記すところである。タカ

右に多武峯・中央に倉橋山・左に鳥見山
古代イワレの風景である（桜井小学校の裏山より）。

ミムスビノ命という皇室の祖先の神が祭られたようであり、その神は多武峯の山神でもあった。――高御産巣霊（たかみむすび）の神は、万物が自然に生まれる霊力を有する世界の創造主の男神であり、アマテラスはもと、この神に仕える巫女神だったようである。アマテラスが日神として三輪山に祭られるようになってから、多武峯の信仰は忘れられた。朝廷内で宗教の改革があったのであろう。――タカミムスビは別名を高木神（たかぎのかみ）といい、木（き）は城（き）の意味も持ち、高所のある占められた土地に立つ神木をその名としている。私たちは、ここで山上に祭られた古代の磐境（いわさか）を思うが、のちの両槻宮の形態を想像しても良いだろう。

「天孫降臨（てんそんこうりん）」は、ニニギノ命がアマテラス大神の命をうけて、高天原（たかまのはら）からこの世に天降（あまくだ）った神話であるが、これも多武峯の高貴な神が、里へ下ってゆくイメージをものがたりとしたものであろう。そして、この神話の大切なことは、天上で育てられている米が、地上でも育てられることによって、この世も天上と同じような神の国になる。ということであった。わが国の民族のもっとも尊い永遠の思想が、この自然と風土から生まれたことを、私たちは日々感謝しなければならない。

また、日本という国号が、空中から視ることによって生まれた言葉だったことを思う。これは実際に、多武峯の山頂に登って見た、国見をしたのであろう。鳥になった飛行者の古代幻視の詩であった。

> 饒速日命、天磐船に乗りて太虚を翔行りて、是の郷を睨りて降りたまふに乃至りて、故れ因りて目けて虚空見日本国と言ふ。『日本書紀』

ニギハヤヒノ命は、神武天皇が大和へ入る以前のこの地方の大王であり、桜井市外山にある全長二〇七ｍの前方後円墳がその墓であると古老からの伝えが残っている。

多武峯を中心に、東は今の橿原市の香具山付近まで及ぶ土地を磐余と呼んだ。桜井市内の国道一六五号線沿いにある来迎寺付近に、今も「磐余」の地名が残っており、向いの丘にある東光寺も山号を磐余山という。寺川に懸かる橋も磐余と名付けられて心楽しい。イワレはもっとも由緒正しい古代の地名であった。――石寸山口神社は、桜井駅から南へ約一㎞、大字谷の桜井公園の通称こも池のほとりにある式内古社である。多武峯の山霊を山の入口に受けた神社であり、やはりイワレの名を冠している。神武天皇が大和に入る以前の、大王（ニギハヤヒノ命を代表とする）の時代は、このイワレ地方が王の政治の中心であり、宮殿があった。イワレの信仰は多武峯の山の信仰であり、この石寸山口の森も、鳥見山も、飛鳥坐神社のある鳥形山も香具山も、すべて多武峯の続きの山や丘であった。――そして、磐余の中心地、上之宮付近から多武峯を眺めると、二上(二つの峯の鞍部に神を祭った)になっているのは、驚きだった。

第一代天皇の神武は、この王族を武力で制圧したとき、同時に宗教上でも大王に宿る霊魂（ニギハヤヒ）を制圧して、ここの地霊を代表する地名とした。カムヤマト・イワレヒコノ命である。

四、月の峰
——倉橋の山川——

桜井市街から談山神社までの約六㎞の道のりを多武峯の道といっている。そのちょうど中間にある村が倉橋である。古くは多武峯の聖域の入口であった。

天武天皇はこの地にみずから神事を行なう（親祭）ために、禊をして籠る宮を建てた。これは他界観念（山行き）をみちびく仮屋でもあった。

是の春に、天神地祇を祀らむとして、天下悉に祓禊す。斎宮を倉梯の河上に堅つ。（『書紀』天武七年）

この祭りは、重大なものだった。国家の命運をかけるほどのものであった。天皇は天文・遁甲を能くしたと『紀』に記す。シャーマンとしての資質をそなえていた。皇室にゆかりのある多武峯の神を天皇じしんが祭ろうとしたのである。この神は強い何かを発した。当時の人々はこのようなものを「鬼」と書きあらわした。天武七年（六七八）夏四月、天皇は百官を連れて倉橋へ向かおうとした。短い文章だが後世の私たちにもこの異常事態がどれほどのものだったか、推察できる。……突如、娘の十市皇女が死去した。皇女の母は額田王であった。ともにすぐれた巫女だった。山の神は十市皇女に祟ったのだ。

五年後の天武十二年冬十月。天皇は再び飛鳥からこの野を訪れた。当時、鎌足公は多武峯にすでに祭られており、聖域化していた。生前から鎌足公を尊敬していた天皇が、知らないはずはなかった。天皇のこころの内を想像するしかない。

天皇、倉梯に狩（みかり）したまふ。

これは通常、初夏に行なわれた薬狩の遊猟よりも、さらに儀式性の色濃い、冬まつりの鎮めの行事であろう。

倉橋の村の背後にそびえ立つのが標高八五一mの音羽（おとわ）山（やま）である。いにしえは倉橋山といった。中腹にあるのが音羽観音で、寺伝によると鎌足公長男の定慧（じょうえ）和尚が多武峯の鬼門（東北）の鎮めのために創建したという。古くは観音石山と称した。古神道の磐座（いわくら）が寺の信仰の起こりであろう。山城の都移りの時、音羽山の名も移されて、清水寺の山号となった。――境内の九十余社（くじゅうよしゃ）神社は大字南音羽の氏神で、社殿は奈良・春日大社の旧殿を移築したものだ。

「はしだての…」の万葉歌碑
その背後にそびえるのが倉橋山
（高齢者総合福祉センターより）。

仁徳天皇の弟、速総別王（はやぶさわけのおおきみ）と女鳥王（めどりのおおきみ）の悲劇の逃避は美しく悲しいものがたりであった。『古事記』を代表する恋愛譚である。

はしだての倉橋山を険（さが）しみと岩かきかねてわが手とらすも　（女鳥王）

はしだての倉橋山は険しけど妹と登れば険しくもあらず　（速総別王）

してはならぬ恋ゆえに、高貴な二人は岩に手足を傷つけながらこの峻嶮（しゅんけん）を越えたが、ついにとらえられ、死をたまわる。

――この愛のものがたりはのちに伝説となった。しかし、この山には何か明るい男女の思いに満ちている。月の夜の祭りのあとに男女の歌のかけ合いがあったのだろう。歌垣というものである。――倉橋山には、月と恋愛のイメージがある。この月の峯の信仰が、かぐや姫の物語を生む母体となったのであり、またそこには死と再生の信仰が重なって存在する。

『万葉集』巻七には、倉橋の山河をよんだ歌が三首ならんで出ている。旋頭歌という特殊な形式の歌だ。

はしだての倉橋山に立てる白雲　見まりほりわがするなべに立てる白雲（一二八二）

はしだての倉橋川の石の橋はも壮子時にわが渡りてし石の橋はも（一二八三）

はしだての倉橋川の川のしづ菅　わが刈りて笠にも編まず川のしづ菅（一二八四）

山の霊気を象徴した雲、老人が若返りを祈り、禊の道具としての菅を思う。三首ともに神祭りのイメージのうたである。「はしだて」は倉橋の枕詞で、立て梯子のこと。いにしえの庫は高かったのではしごを用いたからだというが、はし

倉橋川の清流

天武天皇が神事のみそぎのために建てた倉橋斎宮も、この水辺にあったのであろう。

は橋でもあり、山中に高く立ち上げた神を招き降すための目じるしのはしごでもあった。天上と地上を結ぶ天の橋立だった。

椋橋(くらはし)の山の高みか夜ごもりに出で来る月の光ともしき　（巻三・二九〇）

間人大浦(はしひとのおおうら)という人が三日月をよんだ名歌。このうたともう一首、「天の原(あまのはら)ふりさけ見れば白真弓(しらまゆみ)張りて懸けたり夜路(よみち)は吉(よ)けむ」は、夜の大和の神秘的な美しさをうたって、こころの踊るような気持ちに満ちている。右のように『万葉集』の原書では、くらを椋と表記する場合がある。神聖なムクの木が山中に生えていたためだろう。これも神迎えの木（神籬(ひもろぎ)）だった。古代人にとって、倉橋山は天上への通路だったのかもしれない。

古代人にとって月は格別なものであった。生命の若返りを祈るという信仰もあった。それを「変若(をち)」という。

わが盛りまた変若(をち)めやもほとほとに寧楽(なら)の京(みやこ)を見ずかなりなむ　大伴旅人（巻三・三三一）

悲劇の帝、崇峻天皇はこの地に皇居を定められた。倉橋柴垣宮という。国の内乱をのがれて小さな御所を築かれたのであろう。今の金福寺がその旧址と伝える。蘇我氏の専横をにくんだ天皇は、逆に馬子の手によって暗殺され、その日に葬られるという異常事態であった。倉梯岡上陵(くらはしのおかのへのみささぎ)は今、村中に静かに坐(ま)す。その皇子の蜂子皇子は遠く東北地方へ逃れ、出羽三山の開祖となった。「大化改新」はこの事件を発端のひとつとする。

五、鏡女王と鎌足公の相聞歌

『万葉集』巻二には、鎌足公と鏡女王の贈答歌がある。

玉くしげおほふを安み開けて行なば君が名はあれどわが名し惜しも　（鏡女王・九三）

玉くしげ三室の山のさな葛さ寝ずばつひにありかつましじ　（鎌足公・九四）

二人の関係をないしょにしておくのはた安いことだと考えて、もう、夜が明けてしまっているのに帰るのは困ります。あなたはそれでよいかもしれないけど、わたしの名が世間で評判になるのは残念です。

いや、君のところでゆっくり寝かしてくれなけりゃ、しんぼう出来ず、生きてはいられないよ。

男女の睦言というものであるが、ともに人柄の大らかな気持ちがウィットに富んだ歌にあらわれていよう。鎌足公は歴史上、深謀遠慮、その内面を明らかにしない人物としての印象が強いが、『万葉集』では、次に続く「われはもや安見子得たりみな人の得がてにすといふ安見子得たり」のように、むしろ、こころ根の柔らかな面を浮き彫りにしようとする。万葉編集者は、公を英雄として認めながら、公のもつ反面の性格を詩歌によってあらわそうとしたのではないか。——藤原氏の権謀を好む暗い部分が見え始めるのは奈良時代からだった。平安中期にはもっともあらわになった。奈良の仲麻呂（恵美押勝）などにはまだ古代の男のいさぎよさ、大きさがあった。……しかし、藤原氏は巨大な女流を生んでくれた。その女流の太いたましいが、『源氏物語』や『枕草子』などの文学作品を創出したのであった。これらは中世の乱世の男が学んだ古典だった。男たちは、この書によって日本の国のかたちを知ったのである。

鎌足公の誕生は、推古天皇二十二年（六一四）八月十五日である。父は中臣御食子、母は大伴久比子の娘、大伴夫人だった。万葉集編者と考えられている大伴家持とは親類に当たる。家持の気持ちはどうであったろうか。のちの藤原氏と大伴氏の政争を鎌足公は知らない。——ところで鎌足公の出生地は二説ある。大和国高市郡大原と常陸国鹿島郡である。平安時代、藤原氏全盛の時、道長を中心に描かれた『大鏡』には、

その鎌足のおとど生まれたまへるは、常陸国なれば、

と記す。二人の〈かたりべ〉の老人の物語にこそ本当のことが隠されているのかもしれない。真実、鎌足公は中臣氏の傍系の生まれであった。そして、氏神の奈良・春日大社四座の第一殿が鹿島の神であるのも興味深い。少年の頃、海と山と太陽の豊饒の国、都からは常世国と憧憬された大地に生まれ、弓馬で身体を鍛え、決して恵まれていなかった男の精神の太さに、英雄譚を重ねるのは、後世の私たちの夢である。——

鎌足公の真の人となりを文献学や考古学で知ることは不可能である。人のこころの世界が率直にあらわれるのが

詩であり、そういう意味で私たちは『万葉集』を大切にしたいのだ。『藤氏家伝』によれば、近江大津の湖畔に建てられた浜楼で、天智天皇は群臣をあつめて酒宴を開いた。宴の盛りに突如、皇太弟の大海人皇子（のちの天武天皇）が槍をとって板敷をつらぬいた。天皇は激怒して、ただちに殺そうとした。その中に立ち入り、ことを収めたのが鎌足公だった。その事件から大海人皇子の公に対する見方が変わった。それまでは兄天皇に最も密着した老獪な人物と思っていたからだ。やがて壬申の乱が勃発した。皇子は吉野から東国に向かった。その時、鎌足公さえ存命なら、このような内乱はなかったろうし、じしんもこんな不幸はなかったはずだ、と思った。

『日本書紀』をていねいに読んでゆくと、わずかな鎌足公の記述のなかにも、その苦悩を読み取ることが出来る。しかし、『万葉集』では、むしろ彼の陽気さ、ウィットに富んだ人格を強調しようとするのだ。

鏡女王は、近江国野洲郡鏡里の豪族・鏡王の女といい、その妹が額田王と考え

「秋山の…」の万葉歌碑
せせらぎの中に、ひっそりと立つ。

られている。姉妹は近江の水の女、高級巫女として天皇家に仕えたのであろうが、むしろ万葉女流歌人として名高い。

鎌足公四十過ぎに正妻として迎えられてから、その一族の結束と繁栄にとって重要な母となってゆく。奈良・興福寺の前身といわれる山階寺は、鏡女王が夫の病気平癒のために建立したものである。――大海人皇子じしん、鎌足公の死に際し勅使としてま見えたことが記憶にあったのだろう。鏡女王の「病を訊（と）ひたまふ」と『日本書紀』天武天皇十二年（六八三）条に記されている。極めて名誉なことであった。同年七月五日、女王はついに死去。天皇の請いによってこの夏から、はじめて尼僧による宮中での夏安居（げあんご）が行なわれることになり、三十人が尼になった。

秋山の木（こ）の下がくりゆく水のわれこそ益（ま）さめみ思ひよりは　（巻二・九二）

木陰にかくれてゆく清らかな水が見えないように、わたしのこころは外からは見えないけれど、あなたがお思いになるよりもずっと深いのです。の意。万葉を代表する恋の歌であった。

鏡女王の墓は、桜井市忍阪の忍阪山（外鎌山、大和富士とも）の山中にある。舒明天皇押坂内陵のほとりには小川が流れ、「秋山の…」の歌碑が立つ。碑をここにと定めた人は詩人であり、こんな美しいところに立つ歌碑は他になかろう。女王の墓は、すぐそこに見えている。

六、栗原寺と額田王

桜井市栗原の村々の景観は、わが古代の国々がつつましくつくられた、その初心の世界の美しさを今も見せてくれる。――この集落の中を通る古道を「男坂」（今の半坂）といい、のちの神武天皇が初めて大和へ入る時、宇陀から峠（うだのはにさか）を越えて来た道がこれだと伝える。大和の人々にとって、その峠は境界であった。神武はその異界の向こうから来た〈客人〉だったのである。

栗原には、栗原寺があった。その三重塔の相輪の一部である伏鉢は、談山神社所蔵の国宝として知られ（奈良国立博物館に寄託）、高さ二十五・二cm、底辺七十六・四cm。鋳銅製で金メッキをほどこした表面には、百七十二字の銘文が刻まれている。

その銘によると、栗原寺は持統天皇の時、中臣朝臣大嶋が、草壁皇子の追福のため造営を始め、その死後は比売朝臣額田が甲午年（六九四）より引きつぎ、二十二年かかって金堂、釈迦丈六尊像を造り、和銅八年（七一五）に三重塔が完成した、という内容である。本文中の草壁皇子は、天武・持統両天皇の男子で、皇太子のまま薨じた。大嶋は鎌足公のいとこの子に当たり、朝廷の祭祀を司った中臣氏の出身。神祇伯まで任じた排仏派の人だったが、なぜか寺院建立の発願をしている。額田という姫（比売）は、朝臣という高い位の姓を与えられた女性で、万葉女

国宝『大和国粟原寺三重塔伏鉢』
（談山神社蔵／奈良国立博物館に寄託中）

流歌人を代表する額田王ではないかという説が行なわれている。彼女も巫女として国家祭祀に関わったが、大嶋とともに仏教受容という時代の流れをうけ入れなければならなかったのであろう。その姉といわれる鏡女王は鎌足公の正妻となっており、妹の彼女が同族の大嶋と再婚したのもなんらかの背景がありそうだ。額田王は舒明天皇三年（六三一）頃の生まれと考えられているので、大嶋の志をついだのが六十三歳、三重塔完成当時は八十四歳という高齢だった。

栗原川をへだてて北西にま近い、忍阪（おつさか）には鏡女王の墓があり、同地の石位寺にある重要文化財の三尊石仏（白鳳時代）はもと栗原寺にあったものと伝えられ、これこそ額田王の念持仏ではないかと考証したのが、桜井出身の文芸評論家・保田與重郎であった。

文武天皇四年（七〇〇）、道照（昭とも）和尚が没した。天皇ははなはだ悼んで、人を使わし香典を贈った。道照は栗原寺で火葬された。これがわが国の火葬のはじまりである（『続日本紀』）。道照は孝徳天皇の白雉三年（六五三）に入唐している。鎌足公長男・

定慧（恵とも）と同船した。遣唐使第一船であった。『日本書紀』には、「道昭・定恵〈定恵は内大臣の長子なり〉」と二名続けて記されており、道昭は定恵より十歳余年長、玄奘三蔵に学び、日本法相宗の祖と讃えられる。行基の師として社会事業にもつくした。多武峯開祖の定恵とは法の兄弟として深い交わりがあったのだろうか。

栗原寺は古老のいう「栗原流れ」の鉄砲水で潰滅し、流れた仏像・仏具は遠く長野県にまで伝来されている。廃寺のおりに塔から降ろされた伏鉢は、ゆかりある談山神社に保管されたのである。

栗原寺址は現在、国の史蹟に指定され、塔と金堂址の礎石が残っている。塔のものは一辺約六ｍの方形で、建立当時は二十ｍほどの高さを誇った。寺址のすぐ下の台地に大字栗原の氏神、栗原天満宮が鎮まっている。寺の由緒ある建物が建っていたのだろう。ここからの風景は早春の梅の花どきが素晴らしい。

七、　多武峯万葉

鎌足公歌

われはもや安見子（やすみこ）得たりみな人の得がてにすといふ安見子得たり（巻二・九五）

天皇に仕える采女（うねめ）は、国造の娘で、その国の神を身に宿した神の女（巫女（みこ））でもあった。「大化改新」以後は郡司から貢献されているが、やはりこのやすみこも神の女であり、臣下がたまわって妻にするということは、古代人の信仰において、むずかしいことであった。そのやすみこを得たのであるから、鎌足公の喜びは有頂天というほどの喜びを率直に表している。ちなみに、このやすみこ（みやすみこ）が平安時代には女官の御息所（みやすんどころ）となった。安むとは、天皇が寝（やす）むことで、その御殿に仕える女の意味である。鎌足公はこの頃、「大化改新」の功で内大臣に任じられていた。これは、公が宴席でうたったものであろう。

多武(たむ)の山里

衣手(ころもで)をうち多武(たむ)の里にあるわれを知らずぞ人は待てど来ずける　（巻四・五八九）

笠女郎(かさのいらつめ)が大伴家持(おおとものやかもち)に贈った恋歌連作二十四首のなかの一首。彼女は伝不承だが、笠山荒神で有名な桜井市笠の出身と考えられ、万葉を代表する女流歌人のひとり。笠は多武峯の北の初瀬山の奥にあって、笠のような形の神体山がその地名の起こりである。当地の笠廃寺（鷲峰山竹林寺）は藤原不比等の創建と伝えられ、鎌倉時代は多武峯の末寺であった。古くから藤原氏ゆかりの地の女(ひと)であった彼女は、多武峯の山麓に住んでいたのであろう。『万葉集』では、右の歌のすぐ前に「白鳥(しらとり)の飛羽山(とばやま)松の待ちつつそわが恋ひわたるこの月ごろを」という歌がある。大字北山の氏神・手力雄神社では、学術的にも貴重な「宮座(みやざ)」の祭礼が今も十月末に続けられており、古い伝承を残す村だ。当地には「とばかいと」や「とやが谷」の地名が残っている。飛羽山をここに想定してもよかろう。「かたらひやまのほととぎす」と詠まれたように、霊魂を運ぶ鳥の信仰が、多武峯にもあったのだろう。ちなみに彼女は仏教の素養があった。鐘や大寺の餓鬼(がき)を詠んだ歌が、この大作の歌群に収められている。多武峯寺とのゆかりを思わせる。

大伴家の跡見庄は、今の等弥神社の北にあったと伝える。奈良から時おり馬で通ったのだろう。多武の里まで約四kmである。

うち手折り多武の山霧繁みかも細川の瀬に波の騒げる　（巻九・一七〇四）

『日本書紀』編纂の主宰者として知られる舎人皇子に、ある人が献げた歌。皇子は天武天皇の五男で、重職をもって国政に参与し、死去の際は太政大臣を贈られた。――「うち手折り」は多武にかかる枕詞で、山がわん曲して重なっている様子をあらわした言葉。「多武」は談山神社の鎮まる峯。山一帯が濃霧でおおわれて来た、細川の波も騒ぎ初めた。という意味だが、これは現実の風景ではなく、作者が夜の歌として詠んだのであろう。山谷の織い流れにざわざわと立つ波は、昼間に見たもので、なにかあやしい神の働きが直感出来る。これは魂を静める歌のようだ。「細川」は、談山神社の西門址を経て、飛鳥の石舞台までの約四㎞の中途を流れる清らかなせせらぎである。『日本書紀』天武五年（六七六）によれば、細川山の木を伐ってはならないという勅命が出ている。細川もまた飛鳥の神奈備の続きの山で、神聖な土地であった。

夕霧の出て来た高家

舎人皇子の山荘はこの付近にあったと伝える。奈良から馬で通われ、静かな環境のなかで『日本書紀』の編集や、また政治の構想をねられたのであろう。

高家

ぬばたまの夜霧は立ちぬ衣手の高屋のうへに棚引くまでに　（巻九・一七〇六）

「うち手折り……」の歌に対し、舎人皇子が返し贈った歌。

「高屋」は今の桜井市高家の地だといわれており、皇子の山荘がここにあったと伝える。高家は多武峯の北西の山腹にあり、眺望の素晴らしいところだ。村のすぐ下の谷あいから近年、百余基の古墳群が発掘された。そのおびただしい墓の塊は、見る者を怖かせたが、一方では感動的であった。葬られているのは、古代豪族安倍氏につながる人々であり、また、飛鳥京に仕えた下級官僚たちの墓という付近の細川谷古墳群の埋葬者と同じく、彼らの死後の意識は多武峯の聖山に向かっていた。高家、細川の死者の谷は、死のけがれを留めるところであり、やがて魂は浄化され、多武峯へ昇ってゆき、神となる。仏教文化の時代とはいえ、人々には太古から続く死生観を民俗として残していたはずだ。死の観念は土民のものであった。——神は春になると山から里に降りて来た。農耕の神である。米の収穫が終わるとまた山へ帰った。人々の死生観と神々の永遠のサイクルが二重写しとなって、日本人の心に定着していた。そしてこのような死者の帰る山は、全国各地にある。——夜の霧が今、じぶんの居る高家の上の多武峯に長く引いている。霧の歌に対して、同じく霧の歌で答えている。霧に対して特別な宗教観がうごくのも古代人の信仰である。政争を暗示した歌と考える旧い解釈もある。

鹿路

ひさかたの天ゆく月を綱にさし吾が大君は蓋(きぬがさ)にせり　（巻三・二四〇）

天武天皇の子、長皇子(ながのみこ)が猟路小野(かりじのおぬ)で御狩をした時、そのお伴に従いて行った柿本人麻呂の歌。猟路は桜井市鹿路(ろくろ)、多武峯から吉野へぬける道の中ほどにあり、古代は多武峯の一部と考えられたのであろう。小野とはいいながら一帯は狩場にふさわしく、鹿の角が得られた。今の寺川の源流の一つで、水は豊かだ。この頃には人造の池があり、水田耕作のために作られた。今も地形にその名残(なご)りがある。歌は、格調高い人麻呂の長歌につづく反歌で、帰路ははやくも夜になったが、五月のさわやかな空に浮かんで来た月は、まるで皇子が従者にひかせている丸い絹の傘のようだ。との意。「ひさかた」は天にかかる枕詞で、天を永久なものと考えるとともに、古代人が宇宙のかたちを瓢形(ひさがた)（ひょうたん）と考えていたコスモロジーへの思いが含まれていよう。ちなみに前方後円墳もひょうたん形であり、墓は宇宙を形どったものだという発想は、考古学とはまた違った文学からの考えである。言葉は多様に働いてゆくのであり、これを限定した意味でしかとらえることの出来ない近代人の合理主義は、詩歌によせる古代人の自由なこころを失うおそれがある。——鹿路の氏神、天一(てんいち)神社は杉の大木を神体とする古神道の古社で、祭神の天目一神(あめのまひとつのかみ)は金打(かぬち)の族が祭った鍛冶の神である。当地は古く水銀の産地であった。鉄の精錬の技術は、武器としての日本刀を生む。平安・鎌倉・南北朝と続く時代に多武峯には強力な僧兵団がいた。必然的に彼らのための刀剣製作者がこの周辺に住み着いた。「龍門」とか「塔本」という大和物の古刀は、現存するすべて国宝、重文級である。伝統の流れというものがいつしか生み出した偶然の産物かもしれない。

小倉山

夕されば小倉の山に鳴く鹿は今夜は鳴かず寝にけらしも　（巻八・一五一一）

舒明天皇の御製。天智と天武、両天皇の父として万葉時代を開花させた、古代を代表する帝だった。「小倉山」は、多武峯から今井谷・横柿・北山付近と考えられ、小暗はうす暗い山の意だから、多武峯の南の山腹一帯を広く指しているようである。――『竹取物語』のかぐや姫の歌に、「おく露の光をだにぞやどさましをぐら山にて何をもとめけむ」は、石作皇子が天竺（インド）の石の鉢といつわって大和国十市郡の山寺の羅漢の前の鉢を持って来たが、みごとに姫はその霊力で見やぶり、この歌を詠む。その鉢は多武峯から持って来たものでしょ、と……。姫の家は『竹取』によると山の麓にあった。神は山に天降って麓の里へ来臨するという古代人のコスモロジー信仰が、この物語に民俗としてあらわれている。同じ登場人物のくらもちの皇子が藤原不比等だとしたのは、江戸時代の国学者・歌人の加納諸平だった。山城へ都が移ってから、小倉山の地名はそのまま嵯峨野の山にもって行かれ歌枕となった。『小倉百人一首』は、藤原定家がこの小倉山荘で選んだので、その名がつけられたのだ。――舒明天皇の陵は、最初、多武峯の西口から冬野山へ登る付近に造られた。滑谷岡陵である。なめは、聖なる岩の信仰をあらわしており、何か差しつかえることがあったのだろう。今の桜井市忍阪の忍坂内陵に改葬された。

八、かたらい山

さよふけてかたらひ山のほととぎすひとり寝ざめの友と聞くかな　（『肥後集』）

堀河院の詔勅により、百首の題によって当代の源俊頼ら十六人の歌人が詠歌をきそったのを「堀河院御時百首和歌」という。康和五年（一一〇三）頃に成ったもので、のちの組題百首歌のはじまりであった。この名誉ある歌人に選ばれたのが女流歌人の肥後（ひご）である。彼女の才能は祖父・藤原実方（さねかた）からうけ継がれたものであろう。

五月（さつき）やみ倉橋山のほととぎすおぼつかなくも鳴き渡るかな　　実方朝臣（『拾遺集』）

名門出身の実方は、歌人としても名高く将来を期待されたが、殿上でのライバルの藤原行成（書家で三蹟の一人、有能な官僚）の冠（かんむり）を口論のすえに打ちすてたのだ。一條天皇は彼の短気を怒り、有名な言命を史上に残す。「歌枕見て参れ」……陸奥守に任じられた実方は失意のままに下向して、その地に没する。

孫娘の肥後は、祖父が藤原氏ゆかりの倉橋山の歌枕をうたったのに合わせて、談山をうたった。歌題は「ほととぎす」である。郭公(ほととぎす)は魂を運ぶ鳥だと昔の人々は考えていた。肥後は不遇のままに東北の地で死んだ祖父のたましいを迎えて鎮魂のために「さよふけて……」の歌を詠んだのであろう。

寛政三年（一七九一）に刊行された『大和名所図会』には、山荘で肥後がほととぎすを聞きながら歌を念じている見事な挿絵がのっている。実際には当時、女人禁制だったので多武峯に彼女が登ったとは考えられない。山麓の庵で聞いたのであろう。肥後の歌は祖父に和した、こころの世界の歌であった。

かたらい山は、談山(たんざん)・談峯(だんのみね)・談所(だんじょ)ケ森とも呼ばれ、「大化改新」発祥地であり、日本の国のあけぼのの聖地でもあった。

『多武峯縁起』は、談山神社の歴史と伝承を記した第一の書で、そのなかに、

中大兄皇子、中臣朝臣鎌足連に謂ひて曰(いは)く、鞍作(くらつくり)〈入鹿〉暴虐なり。之を如何と為すや。願はくば奇策を陳(の)べよと。中臣連、皇子を将て城東の倉橋山の峰に登り、藤花の下に於いて、撥乱反正之謀(はかりごと)を談ず。

『大和名所図絵』（寛政３年〔1791〕刊）より

とある。二人が蘇我氏を倒して中央集権の国を造ろうと談合した。そのゆかりによって山の名となり談山神社の社号の起こりとなった。それ以前は、ここも倉橋山の一部と考えられていたようだ。かたらい山は今の本殿の裏山であり、(山はピラミッドのような紡錘(ぼうすい)形をした神奈備(かむなび)山)古代は人もはいらぬ原始信仰の山の祭場だった。神は人々に幸福をもたらすが、時に自然の猛威(もうい)を示す恐ろしい存在であった。蘇我氏といえども聖山の神を恐れた。この山にはいれるのは、麓の大原の里に住み、代々この山を祭った中臣(なかとみ)氏しかいない。鎌足公は中臣御食子(みけこ)の男で、本来の職業は神と人のあいだをとり持つ(中臣(なかつおみ)――中取持)神主であった。また、中臣氏の重大な役目は、天皇が祭りに当って禊(みそぎ)する水、日々の食事に使う水、いわば聖なる水を司(つかさど)ることにあった。中臣氏はこのような役職から天皇家に近づく機会が多かったのであろう。法興寺のけまりの故事は、まったくの偶然ではなかったはずだ。

御相談所

(大化改新談合の地/本殿裏山)

さらに、多武峯は皇室の先祖の神々を祭る場所であった。(タカミムスビノ命を祭ったらしい)。ことに当って、中大兄皇子の体に先祖の巨大な神の霊威(「天皇霊」)をいれることが必要だった。人事を超えた力が必要だった。政治(まつりごと)と祭典(まつりごと)のまだ完全に分化しない時代である。

けまりの会で知り合ってから、二人はお互いの心のうちを明かした。二人には高い志があった。南淵請安先生は唐の国で外典を学んだ当代一の学者であった。二人はともに学んだ。通学の往来の時間を惜しんで国の理想を談い合った。いくたびか密かな会合をもった。大事の計りごととして、蘇我一族のなかでも人格者だった石川麻呂の娘を中大兄皇子の妻としたのもその一環であった。大極殿における入鹿暗殺の決行は一ヶ月後に迫った。最後の密議は他者を交えず、ここ多武峯で行なわれたのである。鎌足公は斎主として祭りをじしん奉仕した。濃（こ）むらさきの山藤が五月の薫風に揺れていた。中大兄皇子十九歳、鎌足公三十一歳、若ければ何でも出来る、若さゆえに何の恐れもない。この二人の談合によって日本の国家の形態が確立した。このかたちは二十一世紀のこんにちも、ほとんど変わっていない。談山は国のあけぼのの地であった。――

延享四年（一七四七）、建部綾足（たけべあやたり）は桜井に滞在して紀行文『かたらひ山』を書いた。

　大和に桜井と云所あり。談山（カタラヒ）の麓なるが、家富みめでたく栄へたる市（イチ）なり。

三月、綾足は多武峯から吉野へと花見に出かけた。同行は俳人で画家の彭城百川（さかきひゃくせん）だった。百川は後年、再び登山して慈門院の障壁画を描く。現在、重要文化財に指定されている「天台岳中石橋図」他である。五月、綾足、百川は桜井の風流人とともに多武峯の麓の庵にて終夜「かたらひ山のほととぎす」の声を聞くのであった。

　　けさ見れば木もなき庭やほととぎす

これは綾足の一句。彼は東北青森の名門の出身だったが、理由あって放浪の詩人となった。この年秋、江戸に出て俳人としての名声を得た。二十九歳だった。晩年、片歌を提唱した。片歌は五・七・七の古代の詩型で、ヤマトタケルノ命の「はしけやし吾家の方よ雲居立ち来も」などで知られ、これが彼の文学史に残る仕事だった。綾足の号はこの頃のものである。俳人・画家・国学者・小説家とあらゆるものにその天才性を発揮した奇人だった。『続近世畸人伝』には、「生涯酔たるか醒（さめ）たるかしるべからざる人なり」と記す。

九、あら楽しの身や　―増賀上人―

芭蕉は紀行文の『笈の小文』に、

何の木の花とはしらず匂かな

裸にはまだ衣更着の嵐かな

という句を詠んでいる。伊勢神宮での作だった。『笈日記』には「西行のなみだをしたひ、増賀の信をかなしむ」と詞書きをしているので、西行法師と増賀上人にちなんだ句であることがわかる。西行は道の先輩、増賀の人生を慕い、芭蕉はその二人の隠者の道を歩いた。

西行の『撰集抄』（西行が初めに書き、後の隠者たちが書き継いだもの）は、巻頭、第一「増賀上人之事」から始まっている。その書によると。……

増賀は道心ふかく、比叡山の根本中堂に千夜こもって祈った。だが信ということがわからなかった。ある日ふと思いつき、伊勢神宮に参籠した。夢のなかに神が現われ「名誉心を捨てよ」と告げた。増賀はよしと、衣服をすべ

『増賀上人行業記絵巻』狩野永納・筆（江戸時代）
神託のままに、乞食に衣を与える増賀。

て乞食に与え、素裸になって逆にもの乞いをしながら四日間かかってもとの比叡山に帰った。道々の人々は、「良い生まれの人らしいのに、気の毒に、頭が狂ってるんだ」とささやき合った。――寺へ帰っても皆「気が狂った」とあわれんだ。師の慈恵大師（元三大師良源）は自室へ増賀を入れて説得した。彼は素裸のままであった。「なあ増賀や。名誉心を捨てるのは良いことだが、きちんと僧りょらしく僧衣を正してからにしてはどうか」と。だが「いや、わたくしは名誉心を捨て去ったのですから、そんなきらきらした僧衣はいりませぬ。――あら楽しの身や、おう〳〵」と踊りながら山門から走り出てしまった。師をはじめ一山の僧はその学才を惜しんで涙を流した。彼はついに人も通わぬ大和の多武峯という深山にさすらい人となって住み着いた。……

増賀は延喜十七年（九一七）、橘恒平の子として生まれ、十歳で比叡山に登り良源に学んだ。彼は後年、師の名誉心に反した。立身出世して大僧正にまで昇りつめた師が、お礼のために盛儀をつくして、宮中に参内するとのうわさを聞く。突如、都に現われた増賀は、まさに異装であったが、まぎれもなく多武峯の高僧として京の人々に尊敬をあつめていたその人だった。やせた牝牛に乗り、ぼろぼろの法衣、腰にはカラ鮭を太刀に帯いていた。彼は師の晴れの道ゆきのため、先導役をかって出たというのだ。従者の僧も、道の両わきに立ち並ぶ見物人も、思わず笑った。笑いの渦で満ちあふれた。

乾鮭も空也（こうや）の痩せも寒のうち

また芭蕉はこのような句も残している。カラ鮭はこの日の増賀をイメージしたものであろうか。

増賀が多武峯へ登ったのは、応和三年（九六三）のことであった。それに先だつ一年前、藤原高光（如覚（にょかく））はすでに入山していた。増賀は高光に招かれて来たのであった。高光のかしらを剃ったのは増賀といわれている。高光にとって亡き師輔（もろすけ）に代わるこころの父が増賀であった。のちに三十六歌仙の一人として名高い多武峯少将藤原高光もまた美男。歌人で、学才すぐれ、村上天皇にその出家を惜しまれた人であった。この二人の世の捨て方のきびしさ、激しさは、かりそめにも厭世などとい

『増賀上人行業記絵巻』
師の晴れの日にやせた牛に乗って先導する増賀。

うべきではない。そこには厳粛な人間の美しさがある。

増賀の風狂は、のちの一休にうけつがれてゆく。この風狂のダンディズムは、中世からやがて近世へと受け継がれてゆき、幕末の吉田松陰や高杉晋作たちの狂の行動学を生むのに到るのであった。

『徒然草』の著者、吉田兼好もまたそのエッセーの巻頭第一に、

（名声の高い僧りょは）増賀ひじりの言ひけんやうに名聞苦しく、仏の御教へにたがふらんとぞおぼゆる。

と記している。

中世の風狂というもののあわれの精神は、ここにわび・さびというニヒリズムの美学を生み出し、桃山時代に入ってゆく。武野紹鷗、千利休、そして豊臣秀吉の大精神を形成する橋渡しとなったのである。——

増賀は八十六歳で死去、多武峯奥の院の念誦崛(ねずき)に葬られた。今も石造りの立派な墓がある。

その辞世は、

みづはさす八十(やそぢ)あまりの老いの波くらげの骨にあふぞうれしき

このおおじいさんが、またこの世にありもしないもの（クラゲの骨）に会うことじゃわい。うれしいのう。

念誦崛の増賀上人塚

西行も芭蕉も墓参した。

十、出家という美 ―多武峯少将 藤原高光―

いつの年のことであろうか。西行法師は多武峯の花どきに訪れた。彼は先ずこころに慕う師、増賀上人の念誦崛の墓を参ったことであろう。加えて、みずから歌人として敬愛する藤原高光（法号・如覚）の飯盛塚の墓にも歌道上達のため額づいたであろう。ましてや増賀と高光は仏の道における師弟関係があり、その強いきづなのために、この地を離れず没した。西行は歌人だったが、そのうつしみは僧りょであった。彼のたましいを複雑にゆるがす種だった。

桜井市飯盛塚の地は、桜の花どきには、高光の塚のある山が飯を盛ったような形に見えるので、その名がついた（西行が名づけたという伝説がある）。多武峯から吉野へゆく道の途中、飯盛塚の村はずれの坂から、また飯盛の山の美しさを名残り惜しんで、振り返りつつ、ついに野宿してしまった。明け方、西行のこころのなかに一首の歌が生まれた。

春風の花を散らすと見る夢はさめても胸の騒ぐなりけり　（『山家集』）

いつしかここを「夢坂」と呼ぶようになった。――

藤原高光の父は右大臣師輔、母は醍醐天皇皇女雅子内親王で、高光はその八男、兄には太政大臣となった伊尹や

藤原高光墓所

飯盛塚の集落背後の山の山腹に眠っている高光と従者。

摂政関白となった兼家。甥にはあの道長がいた。何の不満もない出自だったが、突如、二十二歳で出家した。父の師輔の死が原因というがよくわからない。受戒の僧が増賀上人といわれ、彼は生涯、増賀を父のように慕ったらしい。彼の出家前後を描いた『多武峯少将物語』は平安女流日記文学の初期を飾る美しいものがたりで、『蜻蛉日記』の著者、道綱母の作品と考えられており、『源氏物語』に先立つこと約五十年であった。

村上天皇は彼の歌、書、そして官吏としての学才、何よりもまれに見るその美男、すべてを惜んだ。

　みやこより雲の八重立つ奥山の横川の水はすみよかるらむ

この天皇の御製には、少しうらみの気分がある。高光は即、返歌した。

　九重のうちのみ常にこひしくて雲の八重立つ山はすみ憂し

天皇のいらっしゃる宮中のみが恋しくて、この比叡山は住むのにいとわしいところです。高光はこころにもなく、天皇のおこころを慰めるために歌った。「すむ」は住むと澄むをかけている。もはや世を離れた出家の清らかな生であり、すでに、

かくばかりへがたく見ゆる世の中にうらやましくも済める月かな　（『拾遺和歌集』）

高光は今古の絶唱ともいえるこの名歌を残していた。若者の、何の不満もあるはずもない青春の恐ろしいまでにうちひしがれた心理が、月よお前の澄みきった悟りのこころがうらやましいとつぶやく。これは熱禱（ねっとう）というべきだ。

神無月（かむなづき）風に紅葉の散る時はそこはかとなく物ぞかなしき

『新古今和歌集』冬歌第二番に入収するこの歌の評価の高さはどうであろうか。上句の幽艶、一転して下句のほそほそとして冷えさびた抒情。平安のもののあわれから、中世のわびさびへゆく

多武峯少将藤原高光『三十六歌仙扁額』
狩野重信・筆（江戸時代初期／談山神社蔵）

文学の流れをもったこの一首こそ、新古今の文体を象徴しているのだった。
「三十六歌仙」の一人として選ばれている高光の歌は、

春過ぎて散り果てにける梅の花ただ香ばかりぞ枝に残れる

まだ比叡山にいた頃、人に薫物を請われ、それをわずかに散り残る梅の枝につけて贈った歌。審美の勝る繊細な歌である。

高光の遁世は、出家者の俗からさらに出家するという激しいものであった。比叡山へ登った翌年、応和二年（九六二）にはもう多武峯へ入山し、さらに翌三年、増賀上人を呼び寄せている。――以来、三十余年、修行の日々を送ったのであろうが、たまには来訪者もあった。

いかでかはたづね来つらむ蓬生（よもぎふ）の人もかよはぬわがやどの道　『高光集』

没年は正暦五年（九九四）三月十日、五十五歳であった。墓所は飯盛塚の村中から約三百m登った山腹の台地にあり、二基の石塔が立っている。宝篋印塔の方が高光の、五輪塔が従者の墓という。晩年は多武峯の山内からここに庵を結び、静かな余生を送ったのであろう。

十一、新治の路 —針道と立聞きの芝—

新治の今作る路さやかにも聞きてけるかも妹が上のことを　（万葉・巻十二　二八五五）

野山を開いて新しい路をつくるように、いとしい人のことを聞くのはこころよいものだ、の意。「はりみち」とは「墾道」のことで、新道のこと。桜井市針道（はりみち）は、八井内の不動滝から、大峠を経て宇陀郡上宮奥村に至る山路で十m余の清らかな滝を左に見ながら一㎞ほど登ると、急に視界が開けて来て、明るい自然の風光が広がり、山腹には針道の民家が点在している。美しい村である。

神武天皇の伝承によれば、針道の村の東にそびえる標高九〇四mの熊ヶ岳（国見丘）に八十梟師（やそたける）はいて、大和へ侵入して来る天皇軍を迎え撃とうとした。そしてタケルは、

女坂（めさか）に女軍（めのいくさ）を置き、男坂（をさか）に男軍（をのいくさ）を置く。（『日本書紀』）

女坂が針道と考えられており、ちなみに女性の軍人とは、いくさを占う巫女でもあった。「これ皆要害（みなみぬ）の地（ところ）なり」と同じく『紀』に書かれているように、ここは宇陀から大和国中へはいるいわばメイン・ルートの一つでもあった。男坂は、粟原の半坂（はんざか）と伝えられている。——針道は古くから開けた地であり、万葉の頃も開（かい）さくが続けられたので

御破裂山 ― 写真中央左 ―

立聞きの芝（針道集会所）付近より。

あろうか。

針道の集会所の前はかなり広い台地になっている。ここが「立聞きの芝」址だ。御破裂山がほぼ正面に見わたせる。古来、御破裂山の鳴動異変を監視するところで、もっとも鳴動のよく聴きとれる場所のひとつであった。「立聞きの芝」は他に多武峯の北山（きたやま）と市内の粟殿（おおどの）にあった。天下に異変の起ころうとするときは、談山神社の本殿大織冠像の御顔・体が破裂し、山頂の御墓が大鳴動して、光が天に満ちあふれた。多武峯一山では、この状況を朝廷に報告すると、宮中では、天皇以下これを慎しみ、平癒の使者（告文使（こうもんし）という）が多武峯に遣わされた。――針道の立聞きの芝は、その地形をよく伝えており、この世界宗教史上例を見ない神威のあらわれを、史蹟として残す貴重な場所である。

十二、義経伝説

源義経が多武峯を訪れたのは、文治元年（一一八五）の十一月二十二日のことであった。（『吾妻鏡』）――この年の三月、壇の浦で平家は滅亡、殊勲はすべて義経にあった。五月、平宗盛親子を護送しながら東国に凱旋（がいせん）するが、鎌倉入りを拒否される。義経は腰越から兄の頼朝へ手紙を書き送る。のちの世にいう「腰越状」である。そのなかには幼少の思い出が籠められている。

> 故守殿（こうとの）（義朝）御他界の間、みなし子となり、母の懐のうちにいだかれて、大和国宇多郡におもむきしよりこのかた、いまだ一日片時（へんし）、安堵の思ひに住せず。

母の常盤御前（ときわごぜん）は、義経を抱いて雪のふりしきるなかを都落ちして、龍門の牧にいた伯父をたよったらしく、義経は同地の法楽寺で成育したとの伝説が残っている。

> 兄は今若（いまわか）とて八（やつ）になる、中は乙若（おとわか）とて六（むつ）、末は牛若（うしわか）とて二歳也（なり）。おとなしきをば先にたてて歩ませ、牛若をば胸にいだきて宿所をば出でぬ。心のやるかたもなさには立出（たちいで）ぬれど、行末はいづくとも思ひわかず。

この『平治物語』中・〈常葉落ちらるる事〉は、今も日本人のこころをふるわせる永遠の物語だった。悲劇というものの美しさを描いた古典文学の最高のものの一つであった。

牧城を拠点とした地侍、牧氏の出自は、藤原氏といわれ、常盤はその家に生まれたという。義経にとって多武峯は母方

写真提供／多武峯観光ホテル

の先祖、藤原鎌足公を祭る縁故の地、自分のルーツとしての精神的拠りどころであった。『吾妻鏡』によれば、多武峯入山の目的は、鎌足公への祈願のため。と記す。義経には純粋な気持ちがあったのだろうが、一方、兵法家の彼は俗に多武峯僧兵三千といわれた兵力をたよったのであろう。

予州（義経）、吉野山の深雪を凌ぎ、潜かに多武峯に向ふ。これ大織冠の御影に祈請せんがためなり。到着の所は南院の内、藤室。その坊主は十字坊と号する悪僧なり。

八月には改元があり、元暦が文治となった。義経は伊予守に任じられた。だが関東との関係はいよいよ悪化した。秋には京の義経のもとに刺客が使わされた。冬、九州へ下って再挙をはかろうとした義経一行は、海路暴風雨に遭い、軍兵は離散、かろうじて吉野に逃れた。十一月六日摂津から船出、同十七日には吉野山で愛人の静御前が捕えられ、同二十二日多武峯へ潜入というあわただしさであった。当時の多武峯の一山は四院に分かれていた。平等院・南院・浄土院・多羅（たら）倶（く）院で、今の本殿を中心とする本所の平等院の南方にあったのが南院であり、子院の藤室（ふじむろ）はそこにあった。十字坊（じゅうじぼう）という僧りょが義経の比護者だった。彼は悪僧と呼ばれた。悪とは屈強（くっきょう）の意のあだ名で、本人にとってはむしろ誇らしい。のちに通称されて僧兵と呼ばれた。江戸時代に十字坊は子院の名となった。今の多武峯観光ホテルの建つところがその址である。

だが関東の追求はここにも及んだ。義経をかくまうということは、一山の危機でもあった。同二十九日、十字坊は十津川に逃した。翌、文治二年になっても義経が多武峯に潜んでいるという風聞が立った。京都や奈良の寺が取り調べを受けた。翌文治三年二月、義経はひそかに奥州平泉の藤原氏をたよって落ちのびていた。藤原氏の血縁的なつながりを感じさせよう。

十三、紅葉と能

大和多武峯といえば、紅葉の名所として世に名高いが、いつの時代から愛(め)でられるようになったのであろうか。

花ごろも風猛(かざらき)山に色かへてもみぢの洞(ほら)の月をながめよ(『玉葉集』)

これは、紀伊守重経(素意法師)という人が、紀州風猛山粉河寺で祈っている時に仏から贈られた歌と伝え、彼は康和七年(一〇六四)、仏の歌の教えのままに粉河で出家、やがて多武峯に登り月を眺めながら十年間修行したという。紅葉の洞(ほら)は、今の神社正面・赤鳥居付近から眺めた、わん曲して切り立つ崖を洞穴として見立てたものらしく、崖上の東殿を見上げる秋の風景は美しい。すでに平安時代からここの紅葉は知られていたようである。

室町時代の連歌師、柴屋軒宗長(さいおくけんそうちょう)は、大永二年(一五二二)十月、当時、天下に知られた多武峯の八講猿楽を拝観するために登山した。その『宗長日記』には、

多武峯より、祭礼見物の誘引につきて、登山して、まことにきゝしよりはみるめはおどろかれ侍り。

宿坊安養院。連歌あり。発句、

しもをあや木ずゑをたゝむ錦かな

と記されている。「しもをあや…」の句、「霜」は冬の季語。「あや」は綾で、その日に降った初霜が紅葉の木梢を綾なしていっそう美しく見せており、多武峯一山の風景はまるで錦を折り畳んだように見えることよ、の意。宗長は紅葉と豪華けんらんたる社殿とのコントラストに感動。安養院では連歌の会も催されて、この発句をよんだ。つづいて院主の脇が付けられたはずだが、記されていない。院は今の第一駐車場付近にあった。

宗長が「祭礼」と記しているのは、多武峯の能が神事として行なわれたことを物語っており、十月十六日、ご祭神、藤原鎌足公の命日を最終日として七日間講じられた維摩八講会の期間中に、大和四座（金春・金剛・観世・宝生）が一同に参勤するという盛大なものであった。

八講の能では、四座がおのおの新作能を競ったことで知られ、多武峯で初演され評判になった曲が京都や奈良、そして全国各地で演じられ、今日（こんにち）まで伝えられて来た。有名な「道成寺」の乱調子も、金春一座によって初めて多武峯で演じられた曲の一つ（「通小町」「天女」もここで初演）であり、現在の神廟拝所（旧・講堂）の庭、通称け・

談山能

けまりの庭の仮設舞台にて、室町時代の演能を再現。

まりの庭といわれているところが野外の舞台の場となったようである。この八講の能は、奈良方面から観衆が押し寄せた大イベントだった。宗長もまたその華美な一団とともに山を登ったのであろう。

宗長よりも百年ほど前に活躍した世阿彌元清（ぜあみもときよ）は、多武峯の保護をうけて大成した能役者だった。父の観阿彌（かんあみ）は多武峯の末寺・山田寺の楽頭職に任じられていた。父の没後その名跡を継いだのが観世座で、現在、能楽最大の流派となった。世阿彌には晩年、口述筆記による『申楽談儀』という書物が残っている。

多武峯の役の事、国中は申すに及ばず、伊賀・伊勢・山城・近江・和泉・河内・紀の国・津の国、この中（うち）にありながら上（のぼ）らずは、長く座を遂（を）ぶべし。「定・魚（結）崎御座之事」

この「多武峯の役」とは八講の能のことで、畿内にいながらも欠勤した一座の者は、追放するというきびしいものであった。これこそ、世阿彌と多武峯の関係を物語るものであろう。――『風姿花伝』によれば、世阿彌たちの大和猿楽が最も得意としたのは〝鬼〟の芸であった。「これ、ことさら大和の物なり。一大事なり。」と……鬼とは多武峯に住む山の神の姿に他ならず、荒々しい鬼神の力によって天下を鎮めるという信仰を体現していた。鬼は鎌足公そのものであり、ここに住む悪僧たちであり、また鬼の芸によって神になりきる芸能者、つまり自分た

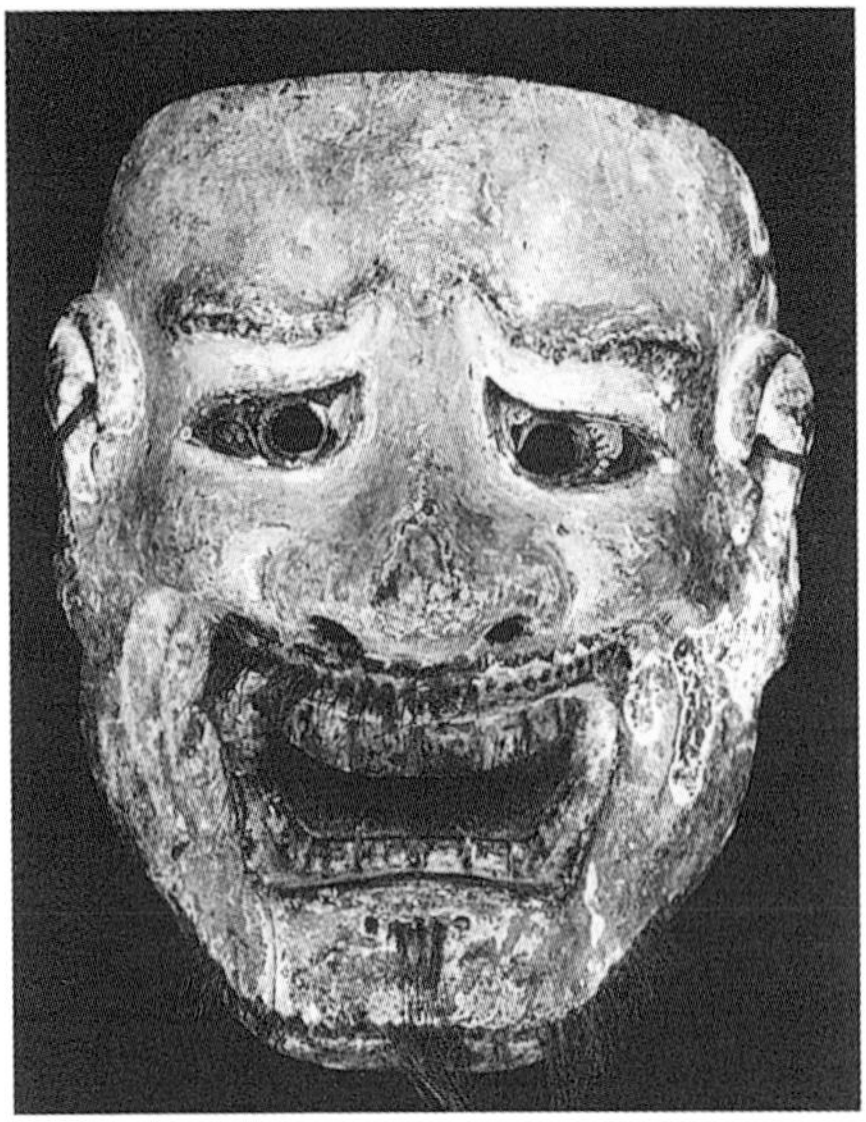

『悪尉』（室町時代／談山神社像）
実馬実甲冑の猿楽では、このようなおそろしい能面が使用されたのであろう。

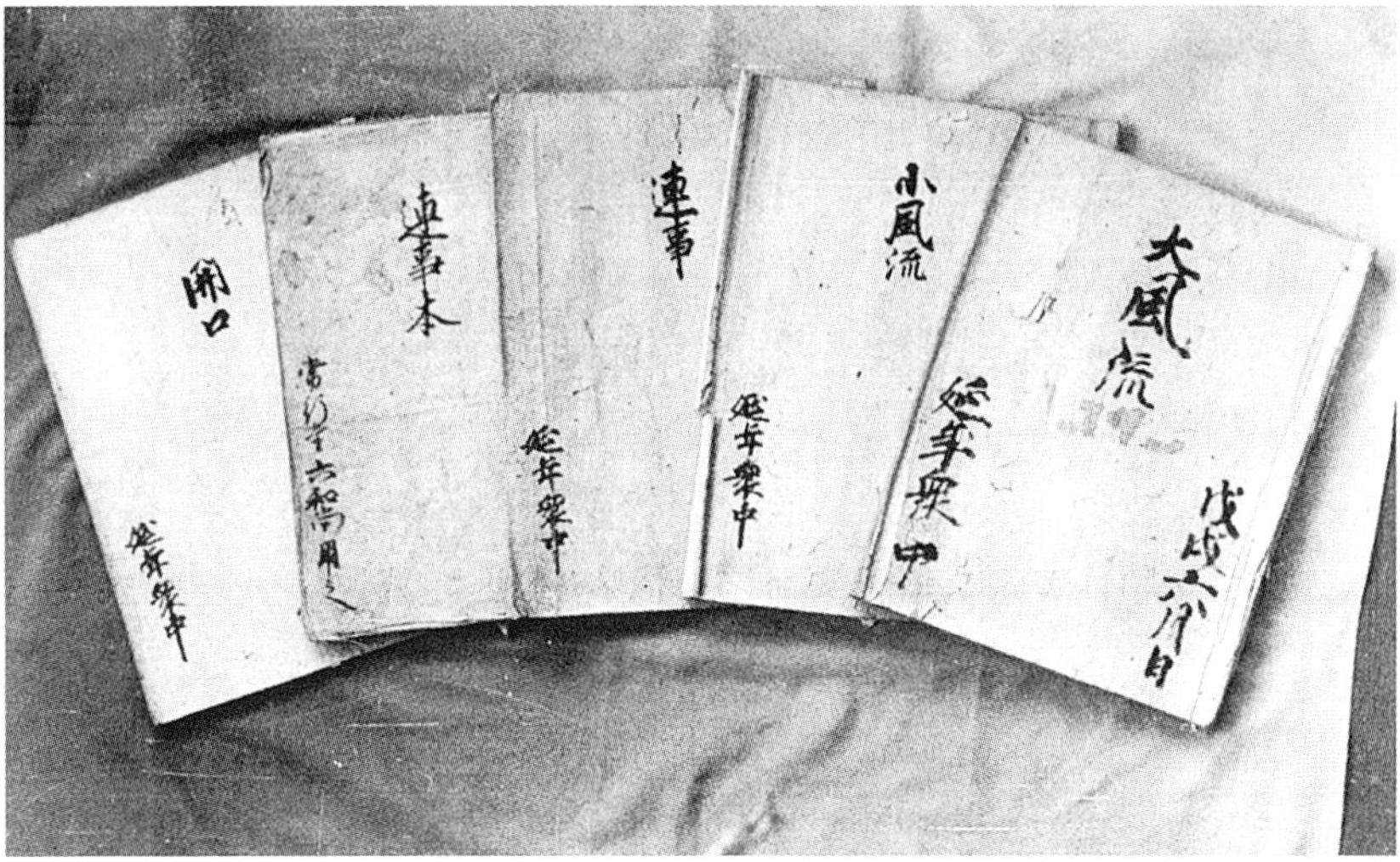

奈良県指定文化財『延年諸本』（室町時代）
わが国最古の演劇台本である。

ちのことでもあった。世阿彌の文章では、「南都」は今の奈良市を指すが、「大和」といえば、多武峯のみを指す言葉だったようである。こんにち、「薪能」は、奈良の初夏をいろどる年中行事として有名だが、観世座は最初、多武峯に参勤したのであって、興福寺への参勤はその後のことであった。

後の談山での能は、京の貴族や武士などを大いに驚かす特殊演出で知られた。これを「多武峯様猿楽」と呼んだ。実際に馬や甲冑を使うもので、芸術的な象徴を求めた世阿彌の能とは違った演出だった。——中世は戦乱の時代であったから、当時の人々にとってこの世は夢であった。

何せうぞ　くすんで　一期（いちご）は夢よ　ただ狂へ

宗長が編集したと考えられている歌謡集『閑吟集』にはこのような歌があった。「バサラ」とか「かぶき者」は断崖の美を求めた。戦場で狂い死にをするような非常識なエネルギーを美学にまで昇

八構祭（毎年3月第二日曜日）
談山神社の神廟拝所（重文）の壁面に、3mほどもある藤原鎌足公の大画像をかかげていとなむ、室町時代以来の伝統祭事。氏子によって数曲の謡曲が奉納され、多武峯猿楽の影響をうけているという。（写真提供／倉橋区）

華させた。美というものはあくまできれいに洗練されなくてもよい、狂暴で華々しい方が人間の精神をより率直に直接に表現し得たのだ。そういう大げさな喧噪を祭りとして演じたと同時に、こころの静けさを求めた時代でもあった。茶道の「わび・さび」はすでに生まれつつあったが、現実に法外な華美が存在しなければ、それを通過しなければ、にせものであった。

実馬実甲冑を用いる演出は、「延年舞（えんねんまい）」からの影響と考えられている。延年は法会のあとの余興として行なわれた遊宴の芸能であり、多武峯では全国最大の規模を誇っていた。山内にすむ遊僧たちが自作自演したもので、この台本は今も残っており、日本最古の演劇台本として奈良県指定文化財に指定されている。

この超派手な劇に出た僧兵たちのユニークな姿は目に浮かぶようだ。延年は今の権殿（常行三昧堂）や神廟拝所で行事のおりに演じられたようで、天正十三年（一五八五）まで七十年にわたる上演記録が残ってる。

八講祭は、毎年三月十二日（現在は第三日曜日）に行なわれる多武峯氏子の祭りで、室町時代からの伝統を持つ祭事である。三ｍほどもある巨大な鎌足公画像を掲げ、その前で氏子たちにより能の謡曲が奉納される。この祭りは、多武峯八講猿楽の伝統が氏子に伝えられたものという。

十四、聖徳太子のふるさと

談山神社の西門址から飛鳥の石舞台へ到る道の分岐点を左へゆくと、すぐ西口の民家がある。その裏山に聖徳太子御誕生のおり産湯（うぶゆ）に使った涌泉（ゆうせん）があり、古い石碑が立っている。

太子は飛鳥の橘寺で生まれたと伝え、多武峯はその寺のま東の方角、太陽の昇る神聖な山である。四神思想では、東は春に当たり、また皇太子の御殿を東宮（とうぐう）また春宮（はるのみや）というので、そこからこの涌泉を「春ノ井」と名づけたのであろう。

橘の寺の長屋にわが率（ゐ）宿（ね）し童女放髪（うなゐはなり）は髪あげつらむか　（万葉・巻十六・三八二二）

橘寺の存在はこのような古歌でも知られるが、橘の名の起こりは、この一帯に橘の林があったためと伝える。橘は垂仁天皇の時代に、田道間守（たじまもり）が天皇の命により常世国（とこよのくに）から持ち帰ったもので「非時の香菓（ときじくかくのこのみ）」と呼び、つねに芳香を放つ果実の意味である。と・こ・よとは海の南のかなたにあると信じられた異郷である。田道間守が十年をかけて捜し求めて来たが、天皇はすでに死去していた。彼は御陵に果実を献上して、泣き伏し、悲しみのあまりそのまま死んでしまった。現在、奈良市尼ヶ辻（唐招提寺の西）にある垂仁天皇陵の菅原伏見陵の堀のなかには小さな陪冢（ばいちょう）があり、それを田道間守の墓とする。堀端には鳥居と小社があり、菓子の祖神として、彼を祭る。『古事記』に、「ときじくのかくの木の実は、是れ今の橘なり」とあり、今のみかんの古名という。古代人にとって照り輝く橘の実には、異郷からもたらされた霊気が充満していると信じられ、また太陽そのものを象徴していた。人間の永遠の生命を約束するものであった。――春の異称を「青陽」という。太陽と橘の信仰が聖徳太子に結びつけられることは、また太子の伝説にとって、大切なものであったのだろう。

聖徳太子御誕生水、春の井の石碑
桜井市西口にある。

永享七年（一四三五）、多武峯に南朝の遺臣が拠って兵を起こす。同十年（一四三八）八月、足利幕府軍は大挙しこれを攻めて、一山は焼失した。本殿の鎌足公像は、この兵火を逃れて、橘寺に避難、遷座した。三年後の嘉吉元年（一四四一）九月、修復成った多武峯に神像は帰座。神前に、「百味の御食（ひゃくみのおんじき）」という豪華けんらんたるお供え物を差し上げて、お帰りを祝う祭りを斎行した。これが「嘉吉祭（かきつさい）」の始まりである。のちの寛政六年（一四六五）に勅使が派遣され、永世の祭祀とするよう聖旨があった。――現在の嘉吉祭は、毎年十月第二日曜日斎行。多武峯氏子によって調整された特殊神饌（しんせん）「百味の御食」を神前に奉献し、その貴重な伝統を守っており、往古のものの盛大さと比べられないが、今でも眼をみはる美しさである。談山神社ではこの神饌を拝観出来るよう、年中拝殿に展観している。――橘寺でも、毎年四月と十月の聖徳太子会式には「百味の御食」が太子像の前に供えられる。その数二百種。

この橘寺を拠点として活躍したのが、南朝方の重鎮、大和豪族の越智(おち)氏であった。この一族は滅亡するまでことごとく京都の幕府に反抗し、河内の楠氏のように「悪党」と呼ばれた。悪とははなはだ強い、との意味で、勤皇に尽した精神はのちの明治維新の志士の手本となった。彼らは利害よりも義を求めた、天晴れな一族であった。将軍から疎まれた能楽師・観世元雅（世阿彌の子）さえも救い、領内に匿まうほどであった。越智氏は子弟を多武峯の子院に入れて学問をさせた。鎌足像が橘寺に避難したのは、そのような関係からであろうが、本来は南朝に勤皇するという志によって結ばれていたのである。

聖徳太子の父・用明天皇の皇居は磐余池邊雙槻宮(いわれいけのへのなみつきのみや)といい、桜井市池之内付近にあった。磐余池はその東に広がっていたようで、いけのへは池上、なみつきは神聖な槻の木が二本立つ祭場でもあった。のちに斉名天皇が多武峯に建立した離宮、両槻宮(なみつきのみや)と信仰上

「嘉吉祭」嘉吉元年（1441）に始まった神事。氏子によって盛られた「百味の御食」という精巧・豪華な神饌を神前に奉献する。

の関連がありそうだ。飛鳥の法興寺（今の飛鳥寺）にも槻の木があった。その下でのけまり会において、中大兄皇子と中臣鎌足は、初めてま見えた。――神聖な木に神を迎えて祭典をした面影が記録の裏を透して見えるようである。

天皇は太子を愛し、宮廷の南の上殿に住まわせた。よって上宮太子と称した。その址は桜井市上之宮の地名として残っており、氏神・春日神社の鎮座地に今も上宮寺があり、ここが用明天皇の皇居であったという別の伝えもある。――昭和五十九年から始まった上之宮遺跡の発掘調査で、六世紀前期の遺構が発見された。すぐ南に多武峯がそびえ、北には鳥見山、遠く三輪山を望む古代磐余（いわれ）の景勝地で、出土した居館遺構と園地遺構の一部が公園化され保存されている。

談山神社の一の鳥居は、隣接する大字浅古に立っている。奈良県指定文化財、高さ七ｍ余、花崗岩の石鳥居は、享保九年（一七二四）の上棟で、堂々たる存在感を持ちながら、全く威圧的ではなく付近の民家や自然のなかに融け込んでいる。

上之宮庭園遺構

聖徳太子の上宮と推定される。

十五、　多武峯の春

多武峯たゆたふ雲もほのぼのとあくるかすみに春やたつらん

春日のひかりへだてぬ多武峯まもり久しきめぐみをぞおもふ

この歌は、桜町天皇が元文五年（一七四〇）、二十歳の時、談山に下賜になった「詠十五首和歌」のうちの二首である。天皇は中御門帝の第一皇子で、一月一日の誕生だったため、聖徳太子の再来といわれた。在位中には大嘗祭（だいじょうさい）を復興するなど、その他絶えていた朝儀の整備、再興に尽されたため、徳川幕府から疎まれた。それは後水尾天皇が沢庵和尚に紫衣着用の勅許を与えようとした時、幕府がこれを阻んだ事件と同じ原因を持っている（いわゆる紫衣事件）。徳川氏は為政者として皇室をもっとも圧迫したし、また今日（こんにち）の社会までも尾を曳く暗いものを残した。男尊女卑などという考えがその一つである。

英明な桜町天皇はそのような幕府の政策に対して不満を持たれていた。おのずから、「大化改新」の忠臣、鎌足公の事蹟に思いを籠められたのであろう。公に歌の言霊をもって、その意志を伝えられたのだ。――後水尾天皇は、

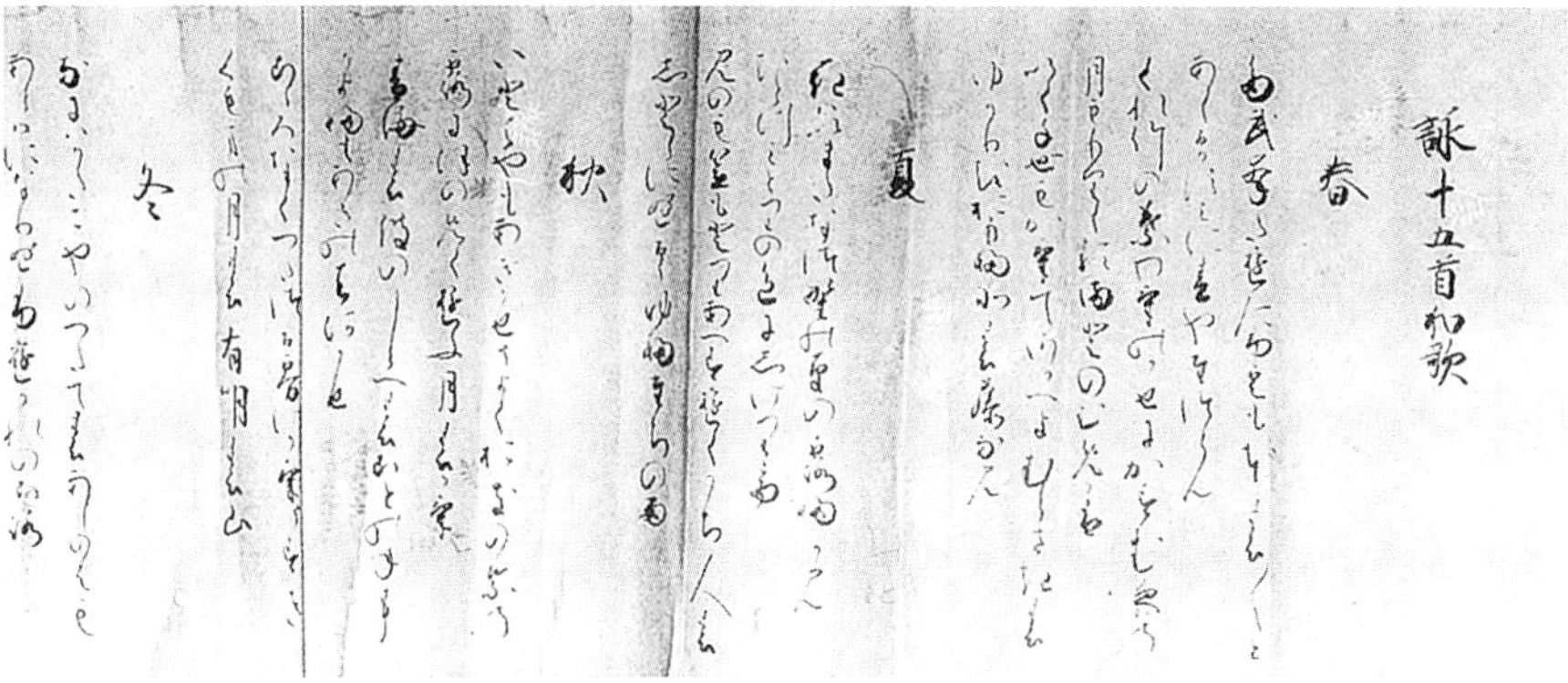

奈良県指定文化財　**桜町天皇御製　詠十五首和歌**

後鳥羽院を敬慕されというが、同じ志の桜町天皇もまた道ある世の中に帰ることを祈願されていた。十五首の御製は、題詠の温雅な作風だが、談山の神前に奉献しようという志には、悲痛なものがあった。右二首は、その巻頭と巻尾にすえられたもので、ともに「多武峯」が詠み込まれている。――天皇は不満のままに二十八歳で退位された。

来てみればここも桜の峯つづき吉野初瀬(はつせ)の花の中宿

飛鳥井雅章(あすかいまさあき)の紀行文『吉野紀行』の一首。寛政三年（一七九一）に刊行された、『大和名所図会』に紹介されて有名になった。飛鳥井家はけまりと歌道を職とする「歌鞠(かきく)両道」の家であった。歌は後水尾天皇より『古今集』の伝授をうけた名手。多武峯を「花の中宿」とも称すのは、この歌が起こりである。地理的に、初瀬と吉野の中間に位置していることから、むかしの文人墨客たちは長谷寺の桜を見て、さらに徐々に上へ上へと桜の開花を追いつつ、吉野山をめざした。風雅な旅のかたちだった。多武峯はちょうどその中の花の名所に当たるのである。

多武峯の春を愛(め)でて山に登った風流の人々の名をあげるだけでも、日本文学史の絵巻を繰り広げているようなものである。後世に名を残した人も、また歴史のあわいに消えた人々も、それぞれに美しい思い出をこころにとどめて月日は過ぎた。

いにしへはさやにもみえず神垣(かむがき)の花にいさよふたふの山霧

多武の山深谷(みたに)の杉のすぎし世を忍ぶ袂に花ぞこぼるる

近世最大の歌人と讃えられた伴林光平(ともばやしみつひら)が多武峯に登ったのは、嘉永三年（一八五〇）三月のことであった。右の二首は紀行文『吉野の道の記』に見えるもので、この日、一山の山桜は満開であった。一ヶ月前、談山は江戸時代五度目の遷宮を終えたばかりであった。同『記』に、

やをら御社に詣でてうづくまる程、しばしはたふとさにものも覚えず。近頃御社の造作畢(をは)りぬとて、大内より御使立てさせられて、宮遷(みやうつり)の神事取り行はせたまひつるほどなれば、御殿舎(みあらか)の

『大和名所図絵』より

奇麗はいふもさらなり。

と記す。これが造り替えられたばかりの本殿の様子を伝える貴重な文章であった。「左右の腋門（わきもん）、拝殿、細殿、あらき迄すべて沙朱もてぬり、黄金（こがね）もて粧ひたれば、玉垣の内外きら〳〵しう光り合ひて、立つもとほるもいとおもはゆし」とその描写が続く。――伴林光平は河内の代々の僧家出身だったが、国学・和歌に志し、その門下数百人といわれた。のちに「本是れ神州清潔の民」という詩を書き還俗（げんぞく）した。仏教を決して軽んじたのではない。単なる職業僧を辞めたのである。師の伴信友（ばんのぶとも）にすすめられて行なった天皇陵の実地調査は、後世に残る仕事となった。彼の人生は、純粋な志につらぬかれていた。それは宗教の美にもつながっていた。一貫不惑の英雄であった。――文久三年（一八六三）八月、五十一歳のとき記録方として、天忠組の義挙に参加した。とらわれて獄中に記した『南山踏雲録』は、近世和歌文学の最高傑作である。

明治維新の始まりを告げる天忠組の行為は悲劇であった。吉野、十津川の戦場は、奇（く）しくもいにしえの南朝宮方の地であった。一軍壊滅後、光平は半坂峠から桜井市粟原の坂を下りた。神武天皇の旧蹟「男坂」であった。同じく、大峠から同市針道の「女坂」を下りたのは土佐の楠目清馬（くすめせいま）らだった。偶然だが、みんな国の歴史を歩いたのである。維新とは神武創業の始めに帰すことであった。志士たちは感動しながらこの風景を走ったことであろう。天忠組の志士たちは、清らかな若者が多かった。国の夜明けのために命を惜しまなかった。楠目清馬は倉橋で幕吏に発見され、自刃した。享年二十二。その墓は今、多武峯街道沿いの山腹にある。地元では雀墓（すずめばか）と呼ぶ。

十六、　芭蕉の旅

松尾芭蕉が『笈の小文』の旅の途路、最愛の弟子、杜国（万菊丸）とともに多武峯を訪れたのは、貞享五年（一六八八）三月のことであった。当地での紀行文は簡潔である。

三輪　多武峯
臍峠　多武峯ヨリ
　龍門へ越道也
雲雀より空にやすらふ峠かな

芭蕉の多武峯入山の目的は、何であったろう。芭蕉は何も書いていないが、多分、奥の院、念誦崛の増賀上人墓参だったのではないだろうか。一ヶ月前の二月、伊勢神宮参拝のおりに、「伊勢山田」と題して、

何の木の花とはしらず匂ひかな

裸にはまだ衣更着の嵐かな

の句をよんでいる。「何の木の…」は西行法師の神宮での詠「何ごとのおはしますかは知らねどもかたじけなさに涙こぼるる」をすり上げた句。「裸には…」は、増賀上人が神宮に参拝したおり、神から名利を捨てよとのお告げがあったので、衣服を全て乞食に与え京都へ帰った、という故事に付けた句。季はまさに二月、芭蕉はこの風狂の先人の道を慕って歩いて来たのである。先人二人が坊主なら、自分も俳諧師の法体、三人坊主で天下の宗廟を参ったのだから、今度は風狂の先輩、増賀の山を西行の案内（『撰集抄』巻頭は増賀上人のことからはじまる）で行こうではないか、という趣向。これは俳文の読み方である。――先の『野ざらし紀行』の旅でも、吉野山の「名ある処々見残して、先づ後醍醐帝の御陵を拝む。」とあった。芭蕉は国の歴史を歩む人でもあった。

多武峯の西門から念誦崛まで約一㎞。それを往復して、今度は西門から冬野山の急坂を登ることまた約一㎞。頂上には数軒の旅館があった。こんにちでは想像もつかないが、当時は吉野の花見や大峰山参りのメイン・ルートと

「雲雀より…」の芭蕉句碑

細峠（▲700）にある。

良助法親王墓

冬野山（▲650）の山頂にある。

してにぎわったのである。ここからの展望は絶好で、大和平野から、晴れた日には遠く大阪湾を望むことが出来る。また、亀山天皇第八皇子の良助法親王の墓があり、宮内庁が管理している。法親王は天台座主にまでなられたが、のちに多武峯に住して著述に専念され、五十二歳でこの地に入寂した。――ここからの暗い山路はたよりない。ただうねうねと続くばかりである。それが突如、ぱっと開ける。豊かな春の空、まさに馬の背のように左右が切り立った尾根に出る。そして、素晴らしいとしかいいようのない視界、遠く吉野の山は花の霞がたなびいている。雲とも花とも見まがう古歌に歌い尽くされた風景が現前する。臍（ほそ）峠（とうげ）（細峠・標高七〇〇ｍ）だ。ここには名物の雲居茶屋があった。まさに天上にいる感じだ。陽だまりには菫（スミレ）の群生！「雲雀（ひばり）より…」の句碑が立つ。――芭蕉はこれから龍門岳（九〇四ｍ）へ向かった。

　龍門の滝を見てから下山して、吉野の平尾村の民家に一泊させてもらった。あたたかいもてなしだった。平尾は今の津風呂

湖の北にある。そのおりの句、

大和国平尾村にて

花の陰謡（うたひ）に似たる旅ねかな

これは『笈の小文』には無く、撰集『曠野（あらの）』（芭蕉七部集の一つ）に収められている。謡とは、能の謡曲『忠度（ただのり）』のこと。――『平家物語』巻九「忠度最期」によれば、平忠度討死のあと、その箙（えびら）には一首の歌が繰り付けられてあった。「旅宿花」と題した「行き暮れて木（こ）の下陰（したかげ）を宿とせば花や今宵（こよひ）のあるじならまし」という歌であった。さすがに武道・歌道の達人と敵味方ともにその死を惜しんだという。芭蕉は忠度のような勇士を好んだ。右はその歌のこころを一句に仕立てたものである。――

芭蕉の風雅とは、その連衆の文学、俳諧連歌（はいかいれんが）に見られるように、庶民のくらしのなかに王朝のみやびを持ち込んだことである。俳諧とは民衆の眼から国のかたちと美を見ようとしたのである。文楽や歌舞伎の芸能の本質もまた、そこに貫かれているのであった。江戸時代が生んだ芸術の光である。

十七、本居宣長と桜井

敷島（しきしま）の大和心を人問はば朝日に匂ふ山桜花

JR・近鉄桜井駅南口のロータリー内に立つこの歌碑の歌の作者は、江戸時代の著名な国学者・本居宣長（もとおりのりなが）である。しきしまのやまととは日本の国の総称であり、また〝しきしま〟の道といえば、伝統として和歌の道を指す。だが本来しきしまとは、当地桜井市の外山（とび）と三輪山のあいだ、三輪川（初瀬川）の流れる一帯の地名であった。ここには欽明天皇の磯城嶋金刺宮（しきしまのかなさしのみや）があった。天皇の御代には川運によって、海から直接に当時の世界最高の文化・文明が入って来たのである。仏教もその一つであった。当地は日本仏教発祥の地である（『日本書紀』欽明天皇十三年〈五五二〉百済の聖明王が仏像・経典をもたらす）。

しきしまの地には、城島（しきしま）小学校がありその名を残してくれて有難いものだ。また市の水道局横の庭には「欽明天皇磯城嶋金刺宮址　保田與重郎（やすだよじゅうろう）拝書」と刻む記念碑が立っている。筆者の保田氏は桜井市出身の文芸評論家で、『日本浪曼派』を創刊し、彼の美学は昭和十年代の文壇を一変させるほどの影響を与えた。わが国の文学運動といえるのは、彼の浪曼派の運動だけといっても過言ではない。その初期の『日本の橋』『戴冠詩人の御一人者』『後鳥羽院』

などの著書は、昭和の青年の座右の書であった。保田文学の本質は、真の日本のこころの開明にあった。本居宣長を最も敬愛し、また没後の彼も、宣長の再来と称えられた。終生、桜井の文化と風土を敬し、愛し続けた。——

桜井をたびたび訪れ、外山（とび）の宗像（むなかた）神社の考證（こうしょう）と再興に尽力した幕末の国学者・鈴木重胤（すずきしげたね）も宣長の学問を慕った人であり宣長を神のごとき人と讃えた。

とみ山やうづもれはてし神やしろふたたびここにさかえそめけり

歌は来訪のおりのもので、その志とよろこびがそのまま詠まれていよう。彼は足繁く大和へ通った人だった。古代地理を実地に幻視した人であった。だから、その名著、『延喜式祝詞講義』の正しさには詩がある。近代以降の記紀万葉の研究家たちは、大和をあまり訪れることなく、机上で考えたのであり、加えて西洋的な知でもって解釈したのである。——彼は業半ばで白刃に倒れた。当時の学者は、

「しきしまの…」歌碑
桜井駅南口ロータリー内にある。

国の運命と共に歩むことを必然としたのである。

宝生流はこんにち最も古格を残すという能楽流派の一つだが、旧来の宝生座は外山座ともいい、この宗像神社を発祥の地としており、その碑が立つ。宝生座は観世座よりも多武峯との関わりが深く、また格式も高かったようで、一説には多武峯に属する神人が始めたものという。九月十一日の祭礼（現在の嘉吉祭に当たる）は宝生座が専任したのであった。

しきしまの地から東方を望むと、隠国の初瀬の谷あいが見える。山門（処）である。「大和」の称はここから生まれた。太陽の昇る谷、日出づる日本国は、ただ観念によって名付けられたものではなく、美しい私たちの山河を見ることによって生まれたのである。そして、山処は全国各地にある風景だった。――右の「敷島の…」の歌の意は日本人のこころとは何か？と人が私（宣長）に問うたなら、朝日に匂う清明でうるわしい山桜のようなものだ、と答えよう。というもので宣長の自讃歌であった。――

本居宣長は明和九年（一七七二）三月、多武峯へ登った。『菅笠日記』の旅である。初瀬、忍坂から倉

欽明天皇磯城嶋金刺宮址の石碑　保田與重郎・筆
桜井水道局横の公園にある。

橋へ出ている。宣長の旅は記紀万葉の現地調査の旅でもあり、のちの研究のための大きな成果となった。一町ごとに立つ町石がたよりになった。現在、奈良県史蹟に指定されている多武峯町石（現存三十一基）のことである。旧くは五十二基あった。途中、今の下居（おりい）神社の考證をしながら行く。宣長の旅には『延喜式』の神名帳がたずさえられていた。芭蕉の『奥の細道』の旅にも神名帳があった。古社を拝し、歌枕を尋ねるのが文学に志す者たちの旅であった。――下居はまた「つづみの里」としても有名だった。鼓は多武峯の猿楽衆のために作られたが、のちに天下の名器となった。この里には鼓の材料となる良質の桜があった。「女蔵折居（めくらおりい）」の銘を持つものは、その代表作である。――しばらく山坂をゆく。やがて滝が見える。今の不動滝である。そこの不動岩は中央が割れている。慶長十二年（一六〇七）、多武峯御破裂の神山鳴動のとき、地響きがここまで及んで割れたと伝える。不動橋を渡るとむかしは茶屋があった。「二三町がほど、家たちつゞきて」と宣長は記す。門前町、八井内（やいない）のにぎわいである。今も当時の名残りをのこす。地名の起こりは、弘法大師の祈禱によって出現した八つの井にちなむと伝える。大師が中国から帰って、しばらく山間修行をしていた頃かもしれない。想像をかきたてられる。今一つの伝説。中世、大和国を支配していた松永久秀（まつながひでひさ）（彼は当時、もっとも優れた芸術家であった。桃山文化の恩人だ）。――どうしても多武峯を落とすことが出来ない。何度も攻める。いちばん被害をうけるのは周辺の民家である。ある日の攻撃の時、谷に祭る地蔵さんから六万人の兵が、どっと出現したのである。松永軍は驚いて退散した。ここを「六万谷」という。

「また、うるはしき橋あるを渡り、すこしゆきて、惣門にいる」今の屋形橋と東門のことである。宣長の来山した年の四年前、明和五年（一七六八）には鎌足公の千百年祭が斎行されているので、一山の整備がゆきとどいていたのであろう。宣長は感激してこのように書きとどめている。

いといかめしく、きらきらしくつくりみがかれたる有り様、めもかがやくばかりなり。十三重の塔、また惣社なんど申すも、西の方に立ち給へり。すべて此所、みあらかのあたりはさらにもいはず、増坊のかたはら、道のくまぐままで、さる山中(やまなか)に、おち葉(ば)のひとつだになく、いといときららかに、はききよめたる事、またたぐひあらじと見ゆ。

桜は今、さかりであり、白妙(しろたえ)に咲き満ちて全山を色どっていた。宣長は一首詠(よ)む。

谷ふかく分け入る多武(たむ)の山ざくらかひある花の色をみるかな

「かひ」とは~した甲斐があった。のかひで、峡谷(かひ)をかけている。国学者は王朝和歌の掛け詞や縁語などの技法を重視していた。日本語は一つの言葉でいくつもの表現を可能にしていた。そのような日本語の力を言霊(ことだま)と考えたのである。こんにちの写生短歌などとはかなり違ったものである。

宣長一行六名は、冬野から竜在峠、滝畑、上市のメイン・ルートを取り、吉野山へ向かった。吉野では宮滝や蜻蛉の滝などの名所を見学して、最後の目的地、飛鳥へ入る。酒船石のくわしい記録を残しているのも宣長らしい。この旅の成果が『古事記伝』著述に充分に生かされたのであった。

十八、　定慧和尚とアンラ樹

国文学者・歌人として知られる折口信夫(おりくちしのぶ)博士の学問を「折口学」と呼ぶ。その学問はこんにち、文学としても読まれている。国文学に加えて折口の独創が生んだものに民俗学がある。その学は師の柳田国男とともに創り出したわが国近代最高の学術であった。また芸能史という新しい分野を確立したのも彼である。歌人としての筆名が釈迢(しゃくちょう)空(くう)である。現代歌人の最高の名誉とされる『迢空賞』も彼にちなむものである。——
折口はたびたび多武峯を訪れており、昭和三年七月登山の時の作品は、歌集『春のことぶれ』に連体の五首として収められている。ちなみに次ページ写真の歌碑は、平成十三年秋、博士没後の五十年を記念して、談山神社境内に建立された。初めの二首は、

多　武　峯

神宝(カムダカラ)　とぼしくいますことの　たふとさ。古き社のしづまれる山

僧定慧将来の奄羅果樹(アムラクワジュ)と伝へる木が、裁ゑ継がれて、今にある。

人過ぎて、おもふすべなし。伝へ来し　常世(トコヨ)の木(コ)の実　古木となれり

多武峯迢空歌碑

没後の五十年を記念して、近畿迢空会が建立。

アンラ樹とアンラ果実

「神宝…」の歌は、神宝が今はほとんど無くなってしまった談山の尊さを詠んだ。「人過ぎて…」の歌は、現在も本殿授与所と西宝庫の間の奥まった処、石垣に囲まれた中に立つ霊木「菴羅樹」をうたったものである。定慧和尚は鎌足公の長男で（実際の父は孝徳天皇という出生の秘密を持つ）、十一歳の時、遣唐使の船に乗り唐の都、長安におもむき、留学僧としての生活を送っている。在唐中に父が死去（六六九）、天武天皇白鳳七年（六七八）に帰朝して、早速、弟の不比等と相談の上、今の大阪府高槻市の安威山（現・阿武山）にあった父の遺骸の一部を持ち帰り、多武峯に埋葬したのである。その上に十三重塔を営み、後年、父を祭る神殿を建立した。談山神社の創祀である。多武峯は鎌足公の清らかな霊魂を祭る礼拝のための墓であり、安威山は埋葬の墓である。古代の両墓制のかたちを取っているのだ。

アンラ樹は、一般に言うカリンのことで、アンモラとも呼び、花梨、榠櫨、木瓜とも記す。原産は中国北部の浙江省。落葉高木で四～五月頃に五弁の愛らしい淡紅色の花を付け、秋には楕

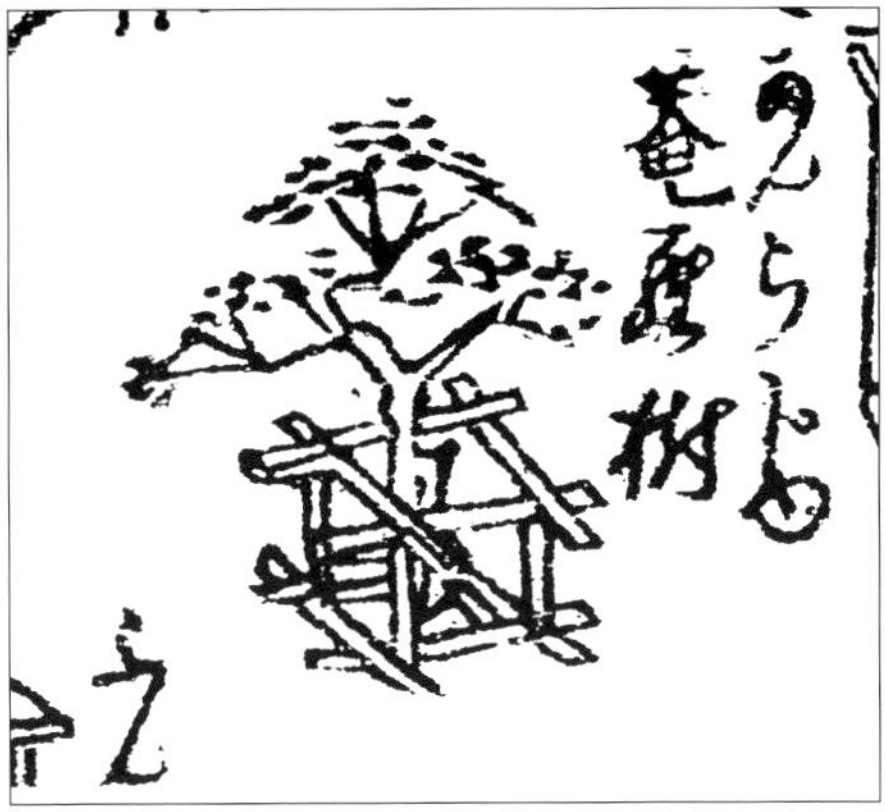

アンラ樹の図
『和州多武峯図』（天保２〔1682〕年刊行）より

円形（えんけい）の果実を結び、黄色く色づいて芳香を放つ。果実には薬効があり、特に咳止めの薬として古くから有名な家庭医学品である。——他に整腸、痛み止め、利尿にも良いとされ、定慧は薬品として持ち帰ったのだ。病気がちな父のためだったと伝える。だが父はもうこの世の人ではなかった。その悲しみが木に籠もっているようである。——折口は「常世（トコヨ）の木の実」と詠んだ。アンラ樹が南の海のかなたにあって、至福をもたらすトコヨの国から持って来られた霊物と見立てたからである。

この秋の菴没羅（あんもら）の木の果（このみ）掌にのせて多武の峰なる聖（ひじり）を思ふ　（歌集『白木黒木』）

歌人・前川佐美雄は、アンラ果を掌にのせて定慧和尚をしのんだ。前川は奈良県葛城市忍海の生まれである。ヨーロッパのモダニズムを短歌に取り入れた浪漫主義の新しい歌風で歌壇をリードした。歌は優美かつ詩的直感にあふれた鋭い詠法で、日本人が悩んだ近代文明のリアリズムを超越した歌人であった。現代短歌はこの人に始まると言われている。多武峯を最初に訪れたのは十二歳で、最後の登山は昭和五十九年、八十二歳の時だった。「そのときに拾ひしごとく菴没羅（あんもら）の熟（う）れて黄なるを五つもらひぬ」そのおりの歌である。晩年には芸術院会員となった。平成二年没。享年八十八歳。——

年　表

推古22年	(614)	鎌足公飛鳥大原に誕生（幼名鎌子）
大化元年	(645)	大化改新
白雉2年	(651)	斎明天皇田身嶺に両槻宮を作る。
天智8年	(669)	10月、鎌足公薨ず。(56才)
白鳳7年	(678)	長子定慧和尚唐より帰朝し、鎌足公追福のため、十三重塔を建立。
大宝元年	(701)	本殿創祀（方三丈の神殿をつくる）
昌泰元年	(898)	多武峯尊像破裂（御破裂）以後37度に及ぶという。
延長4年	(926)	総社神殿創立、講堂改堂。醍醐天皇より談峰大権現の神号を給う。
天暦元年	(947)	実性僧都多武峯座主となる。
〃2年	(948)	実性法華八講を興す。
応和3年	(963)	如覚禅師(藤原高光)次いで増賀上人、多武峯に登る。
天禄元年	(970)	藤原伊尹、常行三昧堂（権殿）創建。
永保元年	(1081)	興福寺衆徒多武峯を襲う（椋橋、音羽の民家を焼き払う）。
天仁元年	(1108)	興福寺衆徒多武峯を襲い、浄土院諸坊また堂舎を焼き、山郷の村々も焼き払う。
久安5年	(1149)	本殿造営。
仁平元年	(1151)	多武峯本殿兵火にかかる。
承安3年	(1173)	興福寺衆徒、多武峯山郷また、寺社堂塔僧坊を焼き払う。
〃5年	(1175)	～建久8年(1197)一山堂宇再建される。
承元2年	(1208)	金峯山衆徒多武峯を襲い、堂舎僧坊を焼く。
安貞2年	(1228)	興福寺衆徒多武峯堂舎を焼く。山徒蜂起して近江近在の興福寺領を没収する。
寛喜元年	(1229)	多武峯衆徒と春日神人所領について争う。
文永元年	(1264)	多武峯別当等鎌足公の神像を奉じて入京、関白実経邸に強訴す。
元享元年	(1321)	興福寺衆徒神木を動座し、多武峯の事を訴え、南都諸大寺悉く寺門を閉ず。興福寺衆徒多武峯を襲う。
正平6年	(1351)	多武峯一山の伽藍坊舎焼く。
永享元年	(1429)	観世、宝生、多武峯猿楽を演ず。
〃7年	(1435)	南朝の遺臣多武峯に拠る。
〃10年	(1438)	官領畠山持国の大軍により堂舎を焼かれ大織冠神像橘寺に難をさける。
嘉吉元年	(1441)	難をさけた神像多武峯に還る（嘉吉祭の始まり）。
宝徳3年	(1451)	大和多武峯（8号船）、明と貿易のため船出する。
享徳2年	(1453)	多武峯船北京に入り、明帝に謁す。
〃3年	(1454)	多武峯船一行寧波を出帆、翌月帰朝。
寛正6年	(1465)	大和四座寄合により多武峯猿楽を演ず。
文明元年	(1469)	多武峯一山の間に大乱闘あり、一山殆ど焼失する。
〃7年	(1475)	一の鳥居建立される。
永正3年	(1506)	赤沢宗益の率いる京軍千余多武峯を攻略、一山焼かれる。大織冠神像吉野山、勝手神社に移座。翌年帰座。
享禄5年	(1532)	十三重塔再建。
永禄2年	(1559)	本殿造替。
天正13年	(1585)	秀吉の刀狩にあい武器没収される。
〃16年	(1588)	多武峯大織冠、郡山還座の綸旨あり。
〃18年	(1590)	大織冠、郡山より多武峯に還座。
文禄2年	(1593)	本殿造営。
〃4年	(1595)	増田長盛の惣国検地により、多武峯領三千石に確定。
慶長5年	(1600)	本殿造替。本・新二寺合同して近世多武峯誕生す。
元和2年	(1616)	本殿造営。元和2年造営を始め、元和5年完成。
寛永18年	(1641)	十三重塔大修理。
寛文7年	(1667)	多武峯造営(堂舎全般に亘り、造営修理)。
〃8年	(1668)	大織冠1,000年祭斎行。
貞享4年	(1687)	芭蕉伊賀より初瀬、三輪、多武峯を歴訪。
享保9年	(1724)	一の鳥居再建。
〃19年	(1734)	本殿以下造替修理。
明和5年	(1768)	大織冠1,100年斎行。
〃9年	(1772)	本居宣長伊勢をたち、初瀬、多武峯、吉野を歴訪。
嘉永3年	(1850)	本殿を造営（現在の本殿）。
明治2年	(1869)	神仏分離、廃仏毀釈により寺院廃止。
〃7年	(1874)	別格官幣社に列せられる。

主な年中祭事

一月一日／元旦祭
二月十七日／祈年祭
三月第二日曜日／三天稲荷神社初午祭
三月第三日曜日／八講祭
四月第二日曜日／神幸祭
四月二十三日／総社春季大祭
四月二十九日／春のけまり祭
六月第四日曜日／観音講祭
六月三十日／中臣大祓式
八月十四日／献灯祭
八月第四日曜日／献書祭
九月二十三日／総社秋季大祭
十月第二日曜日／嘉吉祭
十一月三日／けまり祭
十一月十七日／例大祭
十一月二十三日／新嘗祭
十二月三十一日／中臣大祓式

国宝・重要文化財の宝物

国宝	栗原三重塔伏鉢	一箇
重文	絹本著色大威徳明王像	一幅
重文	脇指（銘 備州長船義景）	一口
重文	短刀（銘 国俊）	一口
重文	短刀（銘 成縄）	一口
重文	太刀（銘 吉平）	一口
重文	短刀（銘 備中国住平忠）	一口
重文	薙刀（銘 一文字）	一口
重文	金沃懸地平文太刀	一口
重文	石燈籠（元徳三年刻銘）	一基
重文	摩尼輪塔（乾元二年刻銘）	一基
重文	本殿造営図并所用具図（永禄二年）	八鋪四枚
	附朱漆机	一基
重文	紺紙金泥法華経宝塔曼荼羅図	十幅

重要文化財建造物

本殿／拝殿／楼門／東・西透廊／権殿／十三重塔／神廟拝所／東殿／総社本殿／総社拝殿／比叡神社／東・西宝庫／閼伽井屋

執筆者略歴

長岡千尋（ながおか・せんじ）

談山神社宮司、與喜天満神社宮司。
昭和五十一年、國學院大學卒、同・神学専攻科修了。
現代歌人協会会員。
折口信夫博士顕彰、近畿迢空会幹事。
歌誌「日本歌人」選者、「かむとき（霹靂）」編集人。
著書に、歌集『晩春祭』、『仙境異聞』、『天降人（あもりびと）』など。

大和多武峯紀行
■談山神社の歴史と文学散歩■

平成十年七月十日　第一版第一刷発行
平成二十九年四月十五日　第二版第三刷発行

発　行　**談山神社**
発　売　株式会社　梅田出版
印　刷　尼崎印刷　株式会社

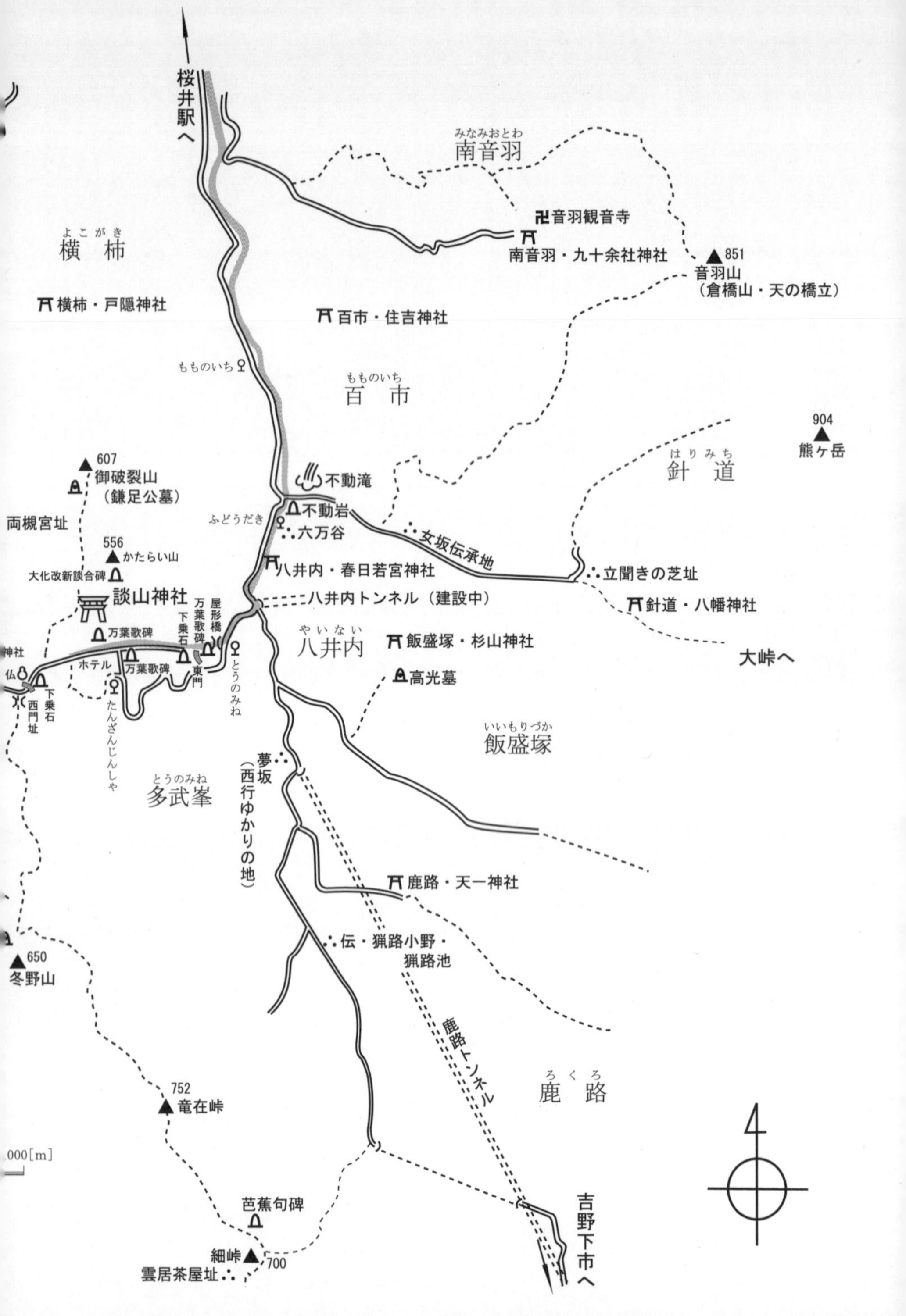
桜井駅へ
みなみおとわ
南音羽
卍音羽観音寺
南音羽・九十余社神社
851
音羽山
（倉橋山・天の橋立）
よこがき
横柿
横柿・戸隠神社
百市・住吉神社
もものいち
もものいち
百市
904
熊ヶ岳
はりみち
針道
607
御破裂山
（鎌足公墓）
不動滝
ふどうだき
不動岩
六万谷
女坂伝承地
両槻宮址
556
かたらい山
大化改新談合碑
八井内・春日若宮神社
立聞きの芝址
談山神社
八井内トンネル（建設中）
針道・八幡神社
屋形橋
万葉歌碑
下乗石
万葉歌碑
やいない
八井内
飯盛塚・杉山神社
大峠へ
神社
ホテル
万葉歌碑
東門
とうのみね
仏
下乗石
西門址
たんざんじんしゃ
高光墓
いいもりづか
飯盛塚
夢坂
（西行ゆかりの地）
とうのみね
多武峯
鹿路・天一神社
伝・猟路小野・猟路池
650
冬野山
鹿路トンネル
ろくろ
鹿路
752
竜在峠
000[m]
芭蕉句碑
吉野下市へ
細峠
700
雲居茶屋址